거룩의 여정

거룩에 관한 성서적 탐구

한국성서학연구소는
종교개혁의 신학전통을 이어받아
다양한 성서해석 때문에 갈등을 겪는 한국교회를
하나님의 말씀 위에 바로 세우기 위하여 일하고 있습니다.
한국교회가 안고 있는 현실 문제에 대한 성서적이고
올바른 신학적 해석을 제시함으로써 이 땅의 문화가
그리스도의 이름 아래 세워질 때까지
이 일을 계속해 나가겠습니다.

거룩의 여정

거룩에 관한 성서적 탐구

초판 1쇄 발행 2022년 9월 23일

지은이 배정훈
펴낸이 김지철
펴낸곳 도서출판 한국성서학
등록 제2022-000036호 (1991.12.21.)
주소 서울 광진구 광장로5길 25(광장동), 2층
전화 02-6398-3927
이메일 bibleforum@bibleforum.org
홈페이지 http://www.bibleforum.org
총판 도서출판 두란노(전화 02-749-1059 / 팩스 02-749-3705)
인쇄 · 제본 성광인쇄

값 13,000원
ISBN 979-11-91619-03-4 03230

거룩의 여정

거룩에 관한 성서적 탐구

배정훈 지음

한국성서학연구소
KOREA INSTITUTE OF BIBLICAL STUDIES

일러두기

* 이 책은 김상현목사가족기념석좌기금의 지원으로 수행된 연구다.

** 이 책에 인용된 성경 본문은 별도 표기가 없는 한 『성경전서 개역개정판』을 따랐으며, 부분적으로 『새번역』과 『메시지 성경』도 포함되었다.

추천사

이 책은 저자 배정훈 박사의 영적 자서전이자, 신구약 성서를 '거룩한 하나님에 대한 갈망'이라는 영성적 주제로 일이관지一以貫之하는 성서신학의 노작이다. 본서는 감성적이고 영성적인 간증문학이면서도 체계적이고 조직적인 성서신학적 주제 탐구로써 독자들로 하여금 하나님의 거룩한 임재를 갈망하도록 추동推動한다. 저자는 하나님의 거룩하심이 인간에게 자아내는 칭의, 성화, 그리고 경건을 다섯 가지 응답으로 정리하면서 독자들로 하여금 저자 자신의 〈칠층산〉 영적 등반에 동참하도록 이끈다. 이 책은 네 가지이다. 첫째, 이 책은 고전적인 회심증언으로 시작해 하나님의 거룩한 보좌 환상까지 사모하는 영적 성장으로 나아가는 영성고전의 틀을 따른다. 토마스 머튼의 『칠층산』이나 토니 캠폴로, 메리 알버트 달링의 『친밀하신 하나님, 행동하시는 하나님』을 생각나게 만드는 한국교회 토착적 영성저작이다. 둘째, 이 책은 한국교회에 오래 전에 실종된 구원개념을 회복시킨다. 본서에 따르면, 구원은 거룩하신 하나님이 피조물을 거룩하게 하시는 데 있으며, 당신과 교제에 적합한 존재가 되도록 성화시키는 데 있다. 거룩함이 없이는 아무도 주를 볼 수 없다. 셋째, 아울러 본서는 1%의 죄도 용납하지 않는 거룩지존의 하나님이 어떻게 죄와 허물로 죽은 인간을 구원하시는 무궁한 자비와 사랑의 원천이 되는지를 감동적으로 파헤친다. 8-11장은 이사야 57:17과 호세아 11:10-11에 대한 해설을 제공하고 있는 셈이다. 넷째, 거룩하신 하나님을 아는 하나님의 자녀는 남의 죄를 질책하고 으스대는 영적 우월감에 빠진 바리새파적 경건주의자들이 아니라, 자기 시대와 공동체의 죄를 인해 탄식하고 중보하는 치유적 중보기도자라는 사실을 일깨운다. 참으로 감동적인 책을 출간해 준 저자에게 깊은 감사를 드린다.

김회권 숭실대학교 구약학 교수, 한국구약학회 회장

저자는 "한국교회를 위해 거룩의 전도사가 되라"는 하나님의 특별한 소명을 받았다고 고백하며, 자신의 자서전적인 신앙의 여정을 자세하게 소개하면서 내용을 시작한다. 저자는 한국 개신교가 하나님의 임재로 인한 거룩함, 신비함, 초월성, 초超합리성

과 같은 개념을 상실했다고 진단한다. 이는 구약성경의 제사장 문헌을 무시하고 신명기 신학으로 편중된 결과이며, 그 결과 현재의 한국교회는 초월적 하나님의 임재를 무시하고, 예배의 역동성을 잃어버렸다고 주장한다. 거룩은 구약과 신약을 연결하는 중요한 신앙의 유산이며, 하나님의 임재 체험으로 나아가게 함으로 건강하고 능력 있는 삶을 추동한다고 역설한다.

저자는 구약과 신구약 중간사, 신약, 그리고 예배학과 생태신학에 이르기까지 치밀하게 성경본문을 중심으로 분석하고 거룩 신학의 중요성을 설득력 있게 논증하고 이해하기 쉽게 설명한다. 구약성서학자로서 보여준 구약을 넘어 구약과 신약의 중간사로 건너가 신약까지, 그리고 예배학과 생태신학까지 꿰뚫는 학문적 혜안과 더불어 교회 현장에서의 뜨거운 가슴도 공감이 되면서 감동의 박수를 보내고 싶다. 흥미진진한 한편의 감동 드라마를 보는 듯이 손에서 놓지 못하고 처음부터 끝까지 단숨에 읽을 수 있었다. 이 책은 그동안 율법주의와 함께 배격된 거룩이라는 신앙의 유산을 되살리고, 이를 통해서 칭의와 더불어 성화를 추구하는 신자의 삶을 제대로 이끌어 줄 것이라고 확신한다. 이 책이 추구한 '거룩 신학의 재발견'으로 예배의 현장이 하나님의 임재로 뜨거워지기를 바란다.

차준희 한세대학교 구약학 교수, 한국구약학연구소 소장

여기 한 사람의 인생에 다가와 그 기반을 흔들어 놓고, 당신에 대해 끊임없이 목마르게 만드신 하나님의 이야기가 있다. 그 목마름은 성경을 깊이 연구하게 했고, 교회사의 거룩 전통을 탐구하게 했으며, 사역의 현장에서 성도들과 함께 하나님의 임재 앞에 서게 했다. 하나님의 거룩은 수줍고 열등감에 가득 찬 한 소년을 담대한 선포의 사람으로 바꾸어 놓았다. 하나님에 목마른 사람들, 자신의 신학이 이론에 갇혀 있다고 느끼는 사람들, 믿음의 공동체를 섬기며 하나님의 임재를 갈망하는 모든 이들에게 추천한다.

박영호 포항제일교회 담임목사, 미래목회와말씀연구원 원장

거룩은 기독교뿐만 아니라 모든 종교의 중심에 있는 것이지만, 기독교 전통에서 매우 높은 수준의 영적 진보는 극소수의 사람들만 이룰 수 있는 것으로 보는 견해가 지배적이었다. 거룩함의 정상이나 완전한 순종과 같은 성숙과 헌신의 삶은 특별하게 부름을 받은 영적 거장들의 몫이었다. 그러나 『거룩의 여정』은 거룩 체험을 초월자이신 '하나님의 임재 체험'에 뿌리를 두며, 그리스도인의 거룩은 일상의 어디에서나 체험되는 것으로 '누구에게나 열려있는 보편적인 은총임'을 강조한다. 예배와 말씀을 통한 성령의 역사하심으로 이뤄지는 하나님의 임재 체험은 거룩한 삶으로 나아가는 확실한 발판이자, 동시에 계속되는 일상 안에서의 하나님과의 만남을 통해 신성한 성품에의 참여와 십자가를 짊어지는 순종의 삶으로 이끌어준다.

배정훈 교수는 구약학자로서, 현시대가 영성의 시대라고 말하면서도 실상은 자극적인 신비 체험이나 은사주의, 개인주의적 성향으로 기독교 영성을 왜곡하는 지금의 현실을 깊이 인지

하고 있다. 그는 『거룩의 여정』에서 개혁교회의 칭의와 성화, 동방교회의 신화deification와 같은 거룩함에 대한 기독교 교리에 철저히 기반을 두면서, 성서 속 인물들의 영적 여정을 통해 거룩함에 이르는 길을 친절하면서도 구체적으로 안내하고 있다. 『거룩의 여정』은 하나님의 임재 체험에 뿌리를 둔 거룩에 기초하여 개인이나 교회에만 머무는 신앙이 아니라 일상과 창조 세계 전반을 포괄하는 차원으로 코로나 시대에 중요한 정의와 평화, 생태 환경, 땅의 회복까지를 아우르는 유의미한 영성을 제시하고 있다. 배정훈 교수는 하나님의 임재 안에서 거룩의 삶을 끊임없이 추구하는 탁월한 성서신학자로서, 거룩이 부재한 이 시대의 그리스도인들을 거룩의 여정으로 초대한다.

오방식 장로회신학대학교 영성신학 교수

프롤로그

하나님의 임재를 사모하는 사람이라면 누구나 거룩을 배우고 싶은 갈망이 있다. 교회 역사를 돌아보면 거룩한 하나님을 만나 거룩한 삶을 살고 거룩에 관한 글을 후대에 남긴 신앙의 거인들이 이미 많이 있다. 그런데도 거룩에 관한 새 책을 쓰기로 마음먹은 데에는 나름의 이유가 있다. 그것은 이 시대가 거룩 신학의 빈약함으로 인하여 교회가 거룩의 위기를 맞이하고 있다는 인식 때문이다. 거룩한 교회를 회복하기 위하여 성서의 샘에서 거룩에 관한 풍부한 유산을 탐구하여 교회와 신앙인들에게 거룩의 여정에 대해 길을 제시하고 싶은 바람이 있다.

중고등학교 시절에 처음으로 신앙생활을 한 나에게 거룩은 낯설기만 한 단어였다. 신앙인으로서 살고, 신학을 공부하고 목사로서 학생들과 성도들을 지도하면서, 그리고 구약학 전공자로서 학생들을 가르치면서, 나는 언제나 거룩의 주제에 사로잡혔다. 특히 중고등학생들과 대학 청년들이 거룩을 경험하도록 돕는 중에 개신교의 거룩 신학이 빈약하다는 것을 뼈저리게 느꼈다. 묵시문학을 연구하고 박사 학위를 마칠 즈음 나는 하나님의 특별한 소명을 받았다. 그것은 "한국교회를 위해 거룩의 전도사가 되라!"는 것이었다.

개신교는 성경에 나타난 다양한 거룩의 유산에 주목하지 못하고, 거룩의 여정이 생략된 칭의와 선행의 종교가 되었다. 나는 개신교가 잃어버린 거룩의 유산을 신구약성경에서 탐구하였다. 거룩한 삶을 갈망하는 독자라면 이 책에서 소개한 성경에 나타난 야곱과 모세의 거룩 체험을 통해 거룩에 이르는 길을 배울 수 있을 것이다. 또한 지성소 체험, 보좌 환상, 예수의 승천, 그리고 바울의 승천 체험을 통하여 거룩이 구약과 신약에서 얼마나 중요한 주제인지를 알게 될 것이다. 그뿐 아니라 말씀, 거룩한 윤리와 경건한 삶, 그리고 거룩한 땅의 주제를 통하여 거룩에 이르는 다양한 통찰을 발견하게 될 것이다. 모든 신앙인이 기독교가 가진 거룩의 풍부한 유산을 발견하고, 거룩한 삶을 통해 더 깊은 하나님의 임재를 경험하기를 바란다.

2022년 6월에 내가 한국성서학연구소 소장으로 취임하면서 기념으로 이 책을 발간하게 되어 더 기쁘다. 이 책의 내용은 처음에 「목회와 신학」에서 12회에 걸쳐 연재하였고, <복 있는 사람> 박종현 사장의 아낌없는 조언으로 독자들에게 가까이 다가갈 수 있게 되었다. 초고를 수정하고 편집하여 읽기 편하게 도와주신 기쁨의교회 조승현 목사와, 마지막 교열과 교정을 맡아주신 한국성서학연구소 전임 연구원이신 김도현 목사께 감사의 말을 전한다.

광나루 거룩한 동산에서

배정훈

차례

5장. 이스라엘의 회막과 성막 89

6장. 예언자들의 보좌 환상 111

7장. 예수의 승천 133

8장. 바울의 승천 체험 151

9장, 거룩과 말씀 169

10장, 거룩한 윤리와 경건한 삶 189

11장, 거룩한 땅 211

1장

거룩의 위기

하나님의 이름이 너희 때문에 이방인 중에서 모독을 받는도다

로마서 2:24

거룩의 부재로 인하여 하나님의 이름이 모독을 받는 이 시대 기독교가 직면한 거룩의 위기는 무엇인가? 신실한 신앙생활과 학문적인 탐구로는 찾지 못했던 거룩에 대한 깨달음이 예기치 못한 하나님의 찾아오심으로 시작되었다. 거룩하신 하나님 임재 체험의 눈으로 성경을 보면서 거룩의 위기가 무엇인지 조금씩 깨닫게 되었다. 거룩의 위기를 초래한 신학적인 이유는 모세 오경의 일부인 제사장 문헌에 대한 서로 다른 이해이다. 랍비 유대교앞으로 유대교라 칭함와 로마 가톨릭이 예배를 계명으로 이해함으로 율법주의를 초래했다면, 개신교는 제사장 문헌을 경시하고 신명기 편향적인 해석을 통하여 구원과 선행 사이에 존재하는 거룩한 삶에 대한 준거점準據點, reference을 잃었다. 거룩의 위기를 초래한 시대적인 이유는, 하나님의 초월성에 대한 인식이 약해지고 거룩한 삶에는 반드시 죄에 대한 저항이 필요하다는 인식이 부족해진 것이다. 이 장에서는 신앙인이 걸어가야 할 거룩의 여정이 무엇인지를 돌아보고, 이 시대 기독교가 직면한 거룩의 위기가 무엇인지 살펴보기로 하자.

뜻밖의 하나님 체험

거룩한 하나님을 체험하는 일은 갑자기 찾아왔다. 내가 고등부 전도사로 사역하는 동안 교사들은 나의 약점을 너무나 잘 알고 있었다. 내가 매주 차분하게 설교하고 계획적으로 교육하는 것은 잘하지만, 집회를 뜨겁게 인도하는 것에는 약하다는 것을. 그래서 그 여름 수련회를 준비하면서 교사들은 나에게 특별한 주문을 했다. "전도사님! 이번 수련회에는 아무것도 준비하지 마시고 저녁 집회 두 번만 준비해 주세요. 나머지는 우리 교사들이 다 준비하겠습니다." 드디어 올 것이 오고야 말았다. 나는 신앙 체험이 많지 않아서 신학을 하기에는 스스로 자질이 부족하다고 여겼기에 신학교를 선택할 때도 망설였다. 열정 가득했던 청년 시절에 하나님에 대해 낯설고 이질적인 감정을 극복하고자 친구들과 기도하는 곳을 찾아다니고, 방언하고 싶어서 애썼지만, 번번이 좌절하고 말았다. 수련회에 가면 친구들은 성령의 감화를 받아 기도하며 큰 은혜를 받았지만, 나에게는 아무런 변화가 일어나지 않아 구석으로 도망쳐 버리곤 했다. 나는 성경을 이성적으로 공부하는 것밖에는 자신 있게 딱히 내세울 것도 없는 신학생이었다. 그런데 마침내 피할 수 없는 그 자리를 맞이할 준비를 해야만 했다. 나는 수련회를 준비하는 한 달 동안 아침 금식을 하면서 하나님의 말씀을 준비했다. 아무런 일이 일어나지 않을지도 모른다고 생각하면서도 그 막다른 골목을 피할 수 없었기에 내가 할 수 있는 것은 오직 순종하면서 그날을 기다리는 것뿐이었다. 마음을 졸이면서 수련회를 맞이했다.

수련회 둘째 날 저녁 집회에서 설교하기 위해 강단에 올라갔다. 참석한 학생들의 열기가 고조되어 있어 꼭지를 따기만 하면 곧 터져나갈 것만 같은 분위기였다. 성령님에 대한 기대가 매우 컸기 때문이다. 하나님은 그 열기의 현장으로 나를 밀어 넣으셨다. 거부할 수 없는 힘에 이끌려 단 위에 선 나는 학생들의 간절한 마음속에 성령님이 임하시는 것을 느낄 수 있었다. 얼마나 지쳐 있었던가. 오랜 시간 동안 계속된 입시에 찌들고, 불화한 가정과 틀어진 친구 관계에서 상처받은 영혼들이었다. 고3병을 이기지 못하고 얼마 전 휴학한 측은한 눈빛의 영인이, 고3 한 해가 너무 견디기 어려우면서도 힘든 친구를 위해 함께 울어주던 선정이, 작년만 해도 수련회 오기를 겁냈었지만 이젠 맨 앞에서 기도 분위기를 인도하는 명주, 내가 너무 사람을 편애한다고 오해하고 짜증을 부리던 정현이… 이 사랑스러운 아이들이 앉아서 울며 하나님의 은혜를 사모하고 있었다.

'하나님! 저는 아무 능력도 없지만, 주님은 이들을 사랑하시지 않습니까? 저들은 하나님의 백성입니다. 오늘 이 밤이 가기 전에 성령으로 임하셔서 저들 속에 하나님의 임재가 가득하게 하옵소서!'

나의 설교는 간절한 탄식이었고, 죄악과 허물 속에 갇혀 절규하는 아이들을 대신한 울부짖음이었다. 체험적이고 뜨거운 신앙을 회피하고 도망치던 나였기에 아이들을 위하여 아무것도 할 수 없다고 생각했지만 놀랍게도 하나님은 나를 사용하셨다. 하나님은 그날 밤 우리에게 벅찬 감격으로 다가오셨다. 그날 아이들은 하나님의 임재를 체험하고, 기도의 문이 열리며, 서로 잘못을 고백하고 용서하며, 기쁨으로 밤이 깊도록 대화했다. 이 얼마나 값진 순간인가. 하나님을 경험하고 상처를 치유 받으며, 기도하지 못하던 아이가 기도하게 되는 경험이 바로 그 수련회에서 일어났다. 하나님은 준비된 사람들이나 준비되지 못한 사람들까지 모두에게 다가오셔서 그들을 변화시키시는 분이시다.

그날도 하나님의 임재는 오직 그분의 주권으로 이루어진 것이다. 나는 중고등학교 시절에 본격적으로 신앙을 갖게 되었지만, 뜨거운 신앙체험은 내 것이 아니라고 생각했다. 나는 줄곧 성경을 읽고 이론적으로 생각하고 토론하며, 지적인 영역에만 몰두했다. 그 수련회에서 하나님의 은혜가 임한 것도 나의 의지로 이루어진 것이 아니었다. 그날 내가 만난 하나님은 나에게는 낯선 하나님의 모습이었다. 성경을 읽을 때 조용히 만나던 하나님이 아니었다. 열광적인 기도 끝에 소수에게만 차별되게 은사를 주시는 그러한 하나님의 모습도 아니었다. 학교생활에 시달리면서도 서로를 안타까워하는 학생들과 학생들의 연약함과 곤고함이 불쌍해 기도하는 교사들 위에 초월하시는 하나님이 임하신 것이다. 그분의 임재는 차별이 없이 임하고, 특별히 눈에 보이는 은사가 아니어도 우리의 마음에 평안을 주었다. 회개와 치유를 통하여 우리에게 다가오신 하나님의 임재는 마치 천국에서나 경험할 만한 그러한 평안과 기쁨을 우리 공동체에게 선물로 주셨다. 편안한 하나님의 임재를 가슴 벅차게 느끼면서도 나에게 낯선 이 경험이 무엇인지를 나는 계속 묻고 있었다. 이 경험은 지적으로나 경험적으로 제한된 하나님 인식의 문을 열고, 거룩의 여정을 시작하도록 나를 이끌었다. 하나님을 향한 두려움이 깨어지고 한 번도 경험하지 못한 새로운 세계가 열렸다. 나는 거룩하신 하나님의 세계에 들어섰다.

거룩의 여정

그 수련회에서 나는 평소와 다른 하나님의 임재를 체험했다. 그 체험은 그야말로 "거룩 체험"이라고 부를 만했다. 갑자기 찾아온 그 거룩 체험은 하나님과 동행하며 하나님의 임재를 이해해가는 거룩 여정의 출발점이었다. 그리스도를 믿는 신앙인이라면 누구나 거룩하신 하나님을 만나 능력 있는 삶을 살아야 한다. 능력 있는 삶이란 일상과 구별된 공간에서 거룩하신 하나님의 임재를 체험한 신앙인들이, 죄와 악에 대항하여 일상의 삶을 회복하고 인격이 변화됨으로써 세상 속에서 거룩한 윤리를 실천하는 삶을 가리킨다.

거룩의 여정이란 거룩 체험을 통해 하나님의 임재를 경험한 후부터 일생에 걸쳐 신앙인의 성품과 삶이 변화되어 가는 과정으로, 칭의justification와 성화sanctification의 과정으로 표현한다.[1] 우리는 믿음으로 하나님의 백성이 되는 순간 존재론적인 거룩을 획득함으로써 칭의에 이르고, 하나님의 백성으로 성화를 통해 거룩의 과정을 걸어간다. 칭의가 신앙인의 출발점이라면신 7:6, 성화는 거룩의 여정에서 필요한 계속적인 명령레 19:2이다.

교회의 역사에서 거룩의 여정에 관한 유산을 살펴보면 동방교회Eastern Christianity와 서방교회Western Christianity의 성화전통이 서로 다르다는 사실을 알 수 있다.[2] 동방교회에서 추구하는 성화의 방식은 거룩의 동력으로서 하나님의 임재를 강조한다. 그 전통에 따르면, 인간은 본래 하나님의 형상으로 지음 받아 "신화"deification, 神化의 소명을 부여받았지만, 인간이 타락한 이후 신화의 잠재력을 잃어버렸다. 이후 성육신하신 그리스도를 통해 구원받은 후에 신화의 길이 다시 열렸다.[3] 동방교회 전통은 거룩의 근원이신 하나님으로부터 성화의 에너지가 전해져 거룩하게 만드는 능력이 된다고 이해한다. 동방교회와 달리 서방교회 성화전통은 하나님의 임재보다는 거룩한 삶으로 이루어지는 도덕적 수련을 더 강조했다. 그리하여 성화의 여정이 중세 시대 금욕주의와 수도원주의라는 형태로 시도되었다. 이러한 맥락에서 토마스 아 켐피스Thomas à Kempis의 『그리스도를 본받아』와 같은 책들이 종교개혁자들에게 영향을 주었고, 거룩한 삶을 추구하는 정통주의 이후의 운동들에서 대륙의 경건주의Pietismus, 영미의 청교도주의Puritans 그리고 웨슬리John Wesley의 완전주의Perfectionism 형태로 강화되었다.[4] 이러한 흐름은 거룩한 삶을 강조한다는 면에서 구약의 성결법전Holiness Code, 레위기 17-26장과 유사하다.

동방교회의 성화전통은 초월적인 하나님의 임재를 추구하는 신비주의적인 영성의 발전을 가져왔다. 반면, 서방교회의 성화전통은 거룩한 삶 속에서 습성이나 성품이나 미덕을 함양하는 데 도움을 주었다. 이상적인 거룩의 여정을 위해서 동방교회와 서방교회의 성화전통을 조화시킬 필요가 있다. 한편으로 인간은 초월하신 하나님의 임재 앞에서 죄와 악을 처리하고, 치유받으며 성품의 변화에 이르게 된다. 다른 한편, 거룩 체험으로 삶의 힘을 얻은 사람은 하나님의 임재를 보존하기 위하여 능동적으로 노력하게 된다. 적극적으로 죄에 저항하며 정결을 유지하고, 말씀을 읽고 찬양하고 기도에 힘써서 더 깊은 하나님의 임재를 누린다. 이러한 조화로운 거룩의 여정을 통해 하나님의 임재 안에서 거룩한 삶을 살아갈 수 있는 것이다.

거룩의 위기

지금까지 살핀 거룩의 여정이 교회의 역사에서 왜곡되면서 거룩이 위기를 맞이했다. 거룩의 신학적 위기는 교회의 역사에서 유대교와 로마 가톨릭, 그리고 개신교에서 각각 다르게 나타난다. 그 분기점은 구약 모세 오경에 나타나는 제사장 문헌Priestly Literature에 대한 서로 다른 이해 때문이다.[5] 구약성경의 모세 오경을 이루는 신명기와 제사장 문헌은 서로 다른 세계관을 가지고 있다. 신명기는 하나님의 무조건적인 선택과 선택받은 하나님의 백성이 계명을 지키는 것을 강조한다. 신명기는 성전에서 이루어지는 종교적인 관심보다는 일상의 삶에서 이웃사랑을 실천하는 계명에 더 관심이 있다. 반면에 제사장 문헌은 성전에서 이루어지는 하나님의 임재와 그로 인한 신앙인들의 거룩 체험에 관심이 있다. 신명기는 수평적으로 윤리적인 계명을 강조하고, 제사장 문헌은 수직적으로 제의적인 계명을 강조하는 것이다. 이중에서 우리가 관심을 기울여야 하는 것은 하나님의 임재를 돕는 제사장 문헌에 대한 유대교와 가톨릭, 그리고 개신교의 서로 다른 이해이다.

먼저 유대교와 가톨릭의 제사장 문헌 이해를 살펴보기로 하자. 유대교는 구약에 대한 독특한 이해에 기초한 종교이다. 바울에 관한 새 관점new perspective on Paul 학파들은 구약과 유대교를 같은 종교로 이해하지만[6] 둘은 차이가 있다.[7] 이 차이점은 유대교가 구약과 달리 제사장 문헌의 제의를 신명기의 계명에 종속함으로써 유대교 율법주의legalism를 이룬 것이다. 제의의 목표는 하나님의 임재를 준비하고 사라지는 것인데, 유대교 율법주의는 하나님의 임재와 상관없이 계명이 된 제의를 통해 거룩을 왜곡하는 출발이 되었다.

'제의'가 '계명'이 되었다는 것이 무엇인지 오늘날의 언어로 좀 더 살펴보자. 구약성경에서 '제의'란 하나님을 향한 경건의 형식이다. 죄에 대하여 대항하고, 기도하고, 금식하고, 성경을 묵상하고, 정결하게 사는 일들로서 그 목표는 하나님의 임재이며, 하나님의 임재와 함께 사라져야 하는 것들이다. '계명'이란 사람을 향해 실천하는 선행으로 인간의 의로 여겨진다신 6:25. 성공적인 예배란 참여한 인간의 모든 행위가 소리와 같이 사라지고 거룩하신 하나님의 임재에 관한 여운과 감격으로 가득 찰 때 가능한 것이다. 그런데 예배가 끝난 후에 책임을 완수한 느낌이 들거나 예배를 준비한 우리의 노력과 의만 강조된다면 그것이 바로 기독교가 싸웠던 유대교 율법주의의 잔재인 것이다. 유대교는 유대교 율법주의를 통하여 신명기의 계명과 제사장 문헌의 제의를 계명으로 통합하고, 유대교를 순종의 종교로 만들어 하나님의 임재를 준비하는 제의의 역할이 사라지게 했다. 구약성경에 나타난 거룩의 과정을 예수 그리스도 사건의 빛 아래 재해석한 바울은 이신칭의를 통하여 유대교 율법주의에 저항하고, 성령으로 인한 하나님의 임재를 강조하는 성화로 나아감으로 통전성 있는 신학을 제시한다.

유대교 율법주의와 바울의 대결은 다시 중세 가톨릭 로마 교회Roman Catholic Church와 루터Martin Luther의 대결에서 반복된다. 중세 가톨릭 로마 교회를 유사-율법주의라고 부르는 이유는 유대교와 마찬가지로 성화의 과정을 담당하는 제의가 하나님의 임재를 상실한 계명이 되었기 때문이다. 가톨릭이 성화를 위하여 요구한 칠성례와 관련된 일과 기도 등은 제의에 포함되지만, 긍휼과 사랑의 실천 등은 계명에 해당된다. 가톨릭은 유대교처럼 제의와 계명을 구분하지 않고 성화를 위한 계명으로 만들어 유사-율법주의를 초래했다.[8] 속죄받은 인간에게 필요한 거룩의 과정을 의화sanctification, 성례전, 그리고 면죄부 등의 교리에 담았고 하나님의 임재와 무관하게 성례전과 교직의 체계 안에 화석화시켜 버렸다. 마침내 이 교리들이 성서적인 근거를 떠나 공로주의에 빠지고 면죄부를 판매하는 타락에 빠진 것이었다.[9]

그렇다면 개신교는 제사장 문헌을 어떻게 다루었는가? 루터는 구약의 제사장 문헌에 나타나는 제사법은 이스라엘 백성들에게만 주어지는 것으로 그리스도인들과는 무관하다고 여겼다.[10] 깔뱅J. Calvin도 그리스도인들에게 구약의 제의적인 계명은 폐기되어 유효하지 않지만, 구약의 도덕법은 신약의 은혜의 법과 충돌하지 않는다고 주장한다.[11] 개신교 입장에서 유대교 율법주의를 가장 잘 표현한 사람은 벨하우젠J. Wellhausen인데, 그는 포로기 이후 시기post-exilic period에 등장하는 유대교 율법주의를 제의가 계명에 종속되는 것이라고 정의한다.[12] 이 전통에 따라 개신교는 제사장 문헌을 유대교 율법주의의 기원으로 여김으로 구원과 선행 사이에 존재해야 할 거룩한 삶에 대한 신학적 준거점reference 자체를 상실하고 만 것이다. 결과적으로 개신교는 칭의와 계명 준수를 강조하면서 거룩의 과정이 생략된 윤리적인 종교라는 오해를 초래했다. 이러한 신학적인 경향 때문에 예배 가운데 하나님의 임재가 약화되고, 하나님의 임재와 분리된 선행으로 변해버린 성화의 추구는 인간의 의지를 강조하는 율법주의나 은혜만을 강조하는 무도덕주의로 나타난다.

거룩의 재발견

거룩의 위기 시대에 재발견되어야 할 주제 중 하나는 하나님의 초월성에 대한 인식이다. 이 시대 기독교인들이 이를 중요하게 여기지 않는 이유는 하나님의 임재를 다루는 제사장 문헌을 가볍게 여긴 결과이다. 초월적인 하나님을 인정하지 않거나 갈망하지 않는다면 거룩은 이론적이거나 인간의 노력에 의존하는 자기 수양에 머물 뿐이다. 초월적인 하나님을 인식하지 않으면 예배의 요소로써 영과 진리의 균형이 깨어지게 된다. 진리는 강조하면서 하나님의 임재를 매개하는 성령의 역할이 축소됨으로 다소 건조하고 차가운 예배, 이성을 중시하는 형태의 예배가 되었다. 이러한 거룩의 위기는 합리성과 이성을 강조하는 모더니즘의 시대에 더 심화되었다. 이성을 강조하는 모더니즘의 시대에서는 하나님의 초월성을 불합리한 것으로 여겼지만, 감성과 직관을 강조하는 포스트모더니즘의 시대에서는 하나님의 초월성이 주목되기 시작했다. 이러한 변화로 인해 기독교가 기존에 갖고 있던 인간을 세계의 중심으로 보는 인간 중심 신학에서 하나님의 초월성을 강조하는 하나님 중심 신학으로 방향이 전환되었고, 이와 더불어 하나님의 임재로 인한 거룩, 하나님의 임재를 매개하는 성령, 그리고 성령과 관련되는 찬양과 경배의 중요성이 부각되면서 거룩이 재발견되었다. 성경 인물들은 하나님의 거룩에 사로잡혀 신비로운 세계로 들어갔다. 그들이 경험한 거룩의 세계는 모더니즘의 세계관으로는 이해하기 어렵고 그 중심으로 들어갈 수도 없는 세계였다. 예컨대, 야곱이 꿈에 본 하늘의 사닥다리, 모세가 본 떨기나무에 붙은 불꽃, 그리고 바울이 체험한 삼층천 경험 등이 바로 성경 인물들이 경험한 거룩의 세계이다.

거룩의 여정에서 재발견해야 할 두 번째 주제는 바로 거룩이 인간의 죄와 관련된다는 인식이다. 극히 미세한 바이러스로 인해 코로나에 감염되는 것과 마찬가지로 인간의 더러운 죄 1% 때문에 하나님께서 우리 곁을 떠나심으로 거룩을 경험할 수 없다. 그렇다. 거룩은 1%의 죄에 대한 선전포고다! 우리에게 죄를 짓는 것이 허용된다면 거룩하게 사는 것이 수월할 수도 있다. 하지만 거룩은 하나님 앞에서 단 1%의 죄도 허락하지 않는 것이기에 신앙인에게 쉽지 않은 도전이다. 이 시대에 거룩을 선포하는 것은 하나님의 임재를 알지 못하고, 죄를 아무렇지 않게 여기는 강팍하며 무기력한 세대 앞에 폭탄을 던지는 것과 같다. 하지만 실제로 교회는 거룩을 상실한 신앙인들에게 어떻게 도전해야 할지 알지 못하고, 진정으로 거룩하게 살고 싶은 신앙인들에게조차도 거룩에 관한 이론과 실제를 제대로 제시하지 못한다.

바야흐로 우리가 살아가는 시대는 거룩의 부재 시대이다. 거룩을 잃어버린 기독교, 거룩을 잃어버린 목회자, 그리고 거룩을 잃어버린 신앙인의 시대이다. 목회자들이 세상에 선한 영향력을 끼친다는 소식보다는, 잘못된 행위로 사람들의 눈살을 찌푸리게 하는 소식들이 넘쳐난다. 교회가 세상의 소금이요 빛의 역할을 감당하기는커녕 악의 온상이라고 비판받는 시대가 되었다. 신앙인들이 죄와 악을 이기기보다는 무기력하게 넘어져 버리는 현실이 반복되고, 기대할 만한 거룩의 신학과 실천도 보이지 않는다. 이사야는 거룩하신 하나님 앞에 섰을 때 부정한 백성들 가운데 거하던 자신의 죄성을 발견하고 자신이 망하게 되었다고 외친다[사 6:5]. 그렇다. 거룩의 출발은 바로 나를 비롯한 우리의 더럽고 악한 삶에 대한 인식이다. 참으로 거룩에 관한 바른 신학과 실천을 제시하여 신앙인들이 죄와 악을 이기고 능력있는 거룩한 삶으로 나아가도록 도와야 할 때이다.

거룩의 여정을 향하여

지금까지 교회의 역사에서 나타난 거룩의 위기가 무엇인지를 살펴보았다. 유대교와 가톨릭은 거룩의 과정을 돕기 위해 제의를 강조하다가 하나님의 임재를 잃어버리는 율법주의로 나아갔다. 개신교는 또한 율법주의를 거부하다가 제사장 문헌을 무시하면서 하나님의 임재가 약화되어 거룩 신학의 위기를 맞이하였다. 이 책의 목표는 이러한 거룩의 위기를 극복하기 위하여 신구약성서에서 개인과 공동체가 걸어갔던 거룩의 여정을 탐구하는 것이다. 신명기 편향적인 성서 이해와 모더니즘이라는 시대정신으로 인하여 가볍게 여겼던 성서 본문들에 담긴 거룩의 전승들을 살펴보게 될 것이다. 야곱은 하나님에게서 오는 거룩 체험으로 변화된 후에 거룩한 삶을 살았던 모범적인 인물이었다. 모세는 떨기나무 가운데 불꽃으로 나타나신 하나님 체험으로 지도자가 된 후에 평생 더 깊은 거룩 체험을 갈망한 인물이다. 야곱과 모세는 오늘날에도 초월적인 하나님을 갈망하며 거룩한 삶을 살기 원하는 신앙인들의 모델이 된다. 하나님은 이스라엘이 공동체로서 하나님의 임재를 경험할 수 있도록 회막과 성막이라는 제도를 세우신다. 하나님의 임재에 대한 갈망은 지성소 체험과 보좌 환상으로 이어졌다. 예수께서는 보좌 환상이 변형된 승천을 통해 하늘에 올라 신앙인들의 구주가 되시고, 바울은 승천 체험을 통하여 하늘 보좌에 앉으신 예수를 대면하며 기독교의 토대를 이루게 된다. 나아가서 이 책은 말씀을 통한 하나님의 임재 체험, 거룩한 윤리와 경건한 삶, 그리고 팬데믹 코로나 시대에 두드러지는 땅의 신학을 탐구할 것이다. 이 책에 나타난 다양한 거룩 전승을 통하여 신앙인들이 능력 있는 거룩한 삶을 추구하고 거룩한 교회가 되는 길을 배우기를 소망한다. 우리 모두가 하나님의 임재 안에서 그분을 기다리고 묵상하면서 거룩한 삶을 살아가기를 기대한다.

이해를 돕는 질문들 ...

1. 거룩이라는 말을 대할 때 어떤 생각이 떠오르는가?

2. 이 시대에 거룩을 받아들이기 어렵게 만드는 이유는 무엇인가?

3. 수련회나 다양한 프로그램에서 자신이 경험한 신앙 체험을 저자의 경험과 비교해보자.

4. 동방교회와 서방교회의 성화 전통은 각각 거룩의 여정에서 어떤 강조점이 있는가?

5. 유대교, 로마 가톨릭, 그리고 개신교가 직면한 거룩 신학의 위기를 각각 설명해보자.

2장

누미노제 경험

이 감정은 때로는 잔잔한 물결처럼 밀려와 마음을 고요하게 만들어 깊은 숭앙심을 자아낸다. 이 감정은 거칠고 악마적인 형태를 취하기도 하고, 소름 끼치는 공포와 떨림으로 이어질 수도 있으며, 투박하고 야만적인 감정이나 현상으로 시작되어 아름답고 순수하고 영광스러운 모습으로 발전하기도 한다.

루돌프 오토, 『성스러움의 의미』

교회 수련회에서 학생들과 함께 경험한 거룩 체험은 그야말로 누미노제의 경험이었다.[1] 나의 이성과 감정을 넘어서서 하나님이 다가오셔서 새로운 영적인 세계를 보여주시고 나의 신앙과 학문의 길을 바꾸어 놓았다. 거룩 체험은 나의 인생과 성경을 새롭게 보도록 도왔다. 내가 전공한 묵시문학과 거룩 체험의 눈으로 성경에 대해 새롭게 깨달은 결과물들이 이 책에 담겨 있다. 이 장에서는 먼저 거룩 체험의 눈으로 내 삶에 다가오신 하나님의 임재의 역사를 돌아볼 것이다. 거룩 체험의 눈으로 내가 살아온 인생을 돌아보니 모든 것이 새롭게 보였다. 창세 전부터 나를 택하시고 모든 것을 예정하셨다는 바울의 고백이 가슴 깊숙이 깨달아졌다. 하나님은 내가 깨닫지 못한 때부터 나에게 다가오셔서 나를 하나님의 사람으로 만드셨다. 기독교와는 전혀 상관없는 가정에서 태어나 여름성경학교를 통하여 처음 하나님의 임재를 경험한 이후로, 하나님께서는 아슬아슬한 인생길에 동행하셔서 나를 변화시키실 뿐 아니라 그 경험을 교회를 위하여 사용하게 하셨다. 이제 나에게 다가오신 거룩하신 하나님의 손길을 돌아보기로 하자.

하나님의 임재 경험

신앙 체험이 나와는 멀다고 생각했던 내가 수련회에서 학생들이 거룩하신 하나님을 경험한 것을 목격한 것은 내 신앙에 큰 전환점이었다. 그것은 내가 그동안 알고 있던 기독교와는 전혀 달랐다. 주일을 성수하고 십일조를 드리고 말씀에 순종하고 많은 교회 활동을 하고 성도들과 교제했지만, 하나님 앞에 두렵고 떨림으로 거룩을 체험하고 일상생활에서 거룩하게 사는 법을 배우지는 못했다. 그러던 내가 한순간에 하나님의 전격적인 부르심을 통하여 거룩의 여정에 들어선 것이다.

거룩하신 하나님을 체험한 후부터 나는 수련회를 준비하는 일이 부담스럽지 않았다. 오히려 하나님의 임재를 기다리면서 기쁨으로 준비했다. 수련회의 목표는 하나님의 임재를 체험하는 것이다. 하나님의 나라는 우리에게 오는 것이며, 하나님은 스스로 내려오시는 분이다. 은혜로운 수련회를 위하여 처음부터 마지막까지 하나님의 임재를 준비하고 기다려야 한다. 그러면 학생들은 성경공부 하는 중에, 기도하는 중에, 심지어 운동하는 중에도 하나님을 만난다.

그러나 나의 경우 학창 시절 수련회 시간이 마냥 즐거운 것은 아니었다. 캠프파이어 시간에 기도를 통하여 특별한 은사를 받아야 한다는 요구가 큰 부담이 되었었다. 그래서 내가 교역자가 되어 수련회 프로그램을 진행할 때는 다르게 시도해 보았다. 나는 학생들이 하나님을 만날 수 있도록 돕기 위해 특별히 둘째 날 밤을 택해서 그들이 익숙하지 않은 의식을 가졌다. 십자가를 지거나 묘비명을 쓰거나 유월절 의식을 치르거나 세족식을 실시했다. 그런 다음 하나님의 임재를 기다리는 기도를 드렸다. "하나님, 우리를 만나 주십시오." 그렇게 교사와 학생들이 간절하게 기도하면 하나님이 우리 가운데 임하신다. 기도 중에 나타나는 하나님의 모습은 성경을 읽을 때 나타나는 하나님과는 다른 모습이다. 전적 타자이신 하나님이 당신의 권세를 가지고 우리에게 나타나신다. 수련회 참가자들은 하나님의 임재를 체험하고 변화된다. 여름 수련회의 벅찬 감격은 그 자체로 끝이 아니라, 일상에서의 새로운 시작일 뿐이다.

거룩하신 하나님 체험은 계속 이어졌다. 미국에서 유학하는 중에 나는 주일학교와 중고등부를 맡은 교육목사로 일했다. 평소에는 내가 주일학교 아이들을 위한 설교를 하고, 중고등부 설교는 영어를 잘하는 1.5세 교사에게 맡겼다. 하지만 여름과 겨울 수련회는 내가 전체 책임을 지고 진행했다. 수련회는 아이들이 낯선 하나님을 경험하도록 돕는 자리였다. 수련회는 보통 금요일 밤에 시작해서 주일에 돌아오는 형식이었다. 6년 동안 수련회를 진행하면서 교사들과 학생들은 매번 하나님의 임재를 경험했다.

2박 3일이라는 짧은 시간 동안 아이들이 어떻게 변화될 수 있을까? 아이들이 살아계신 하나님을 만나야 변화가 된다. 나는 이 원리를 이론이 아니라 경험을 통해 배웠다. 다양한 프로그램과 함께 기도 시간을 철저하게 준비했다. 십자가 지기, 묘비명 쓰기, 장례식 거행 등 프로그램을 진행한 다음 세족식을 가지면서 교사들이 아이들과 함께 기도할 때마다 하나님이 아이들과 함께 하셨다. 2세 아이들이 영어가 서툴러 말도 잘 통하지 않는 교육 목사가 인도하는 수련회에 참가한 다음 집에 돌아가면 부모들이 가장 좋아한다. 수련회에서 하나님을 만난 감격으로 아이의 삶이 바뀌기 때문이다. 그것은 나의 능력이 아니라 오직 하나님의 능력으로 이루어진 일이었다.

사역자는 사람을 변화시키는 사람이 아니라 하나님의 역사를 준비하는 사람일 뿐이다. 가나의 혼인 잔치에서 예수님의 기적을 위하여 필요한 것은 무엇이었는가? 포도주가 떨어진 위기 속에서 하인들은 예수님의 말에 순종하여 항아리에 물을 채워 예수님께 가져갔다. 물이 포도주로 바뀌는 기적이 일어난 후 기적의 비밀을 아는 것은 오직 하인들 뿐이었다. "물 떠온 하인들은 알더라"요 2:9. 사역자들은 하인들과 같이 하나님의 기적을 기대하면서 준비하는 사람들이다. 그런 사역자들을 통해 하나님은 기적을 이루신다.

수련회 중 내가 경험한 하나님의 임재 경험은 내가 오랫동안 거부했던 억지스러운 하나님의 임재 경험과 달랐다. 누군가 앞에서 열정적으로 기도 인도할 때 내 마음은 움직이지 않았다. 기도 인도자의 몸짓과 말투가 과장되게 느껴졌기 때문일까? 나는 마치 이방인이 된 것처럼 그 자리가 불편했다. 하나님이 스스로 우리에게 다가오시기보다는 우리가 그분을 억지로 끌어내리려 한다고 느꼈다. 이러한 행동은 하나님보다 앞서서 체험을 조작하고 하나님을 만났다는 고백을 강요한다. 하나님은 우리의 감정이 극에 달했을 때 우리에게 다가오시는 분이 아니시다. 그분은 자유롭게 우리의 감정과 상관없이 우리에게 다가오신다. 하나님은 우리를 정결케 하고, 결단에 이르게 한다. 하나님이 임하시면 우리는 그분의 숨결을 느끼고 그분으로 인해 하늘을 소망하게 된다. 벅찬 감격과 함께 하나님이 살아계심을 느끼며 죄에 저항하게 된다. 거룩하신 하나님의 임재 경험은 나를 하나님께로 이끌고 위기 때마다 나를 성장시키고 나의 학문을 열어 주는 힘이 되었다.

여름성경학교

하나님은 오랜 시간 동안 나와 우리 가정을 만지셨다. 거룩의 핵심인 하나님의 임재가 내 가슴으로 들어오기까지 긴 세월이 흘렀다. 어렸을 때부터 우리 집안은 우상을 섬기는 집안이었다. 힘든 일이 있으면 무당을 불러 굿을 했다. 부모님은 힘들게 사셨다. 경기도 평택에 살던 우리 형제들은 여름방학이 되면 충북 옥천군 이원면 지탄리에 있는 외갓집에서 방학을 보내야 했다. 한적한 시골 동네에서 우리 형제들은 어린 시절의 방학을 보냈다. 초등학교 2학년 때 갑자기 동네가 떠들썩했다. 교회에서 여름성경학교를 연다는 소식 때문이었다. 문화 행사가 없어 무척이나 심심했던 그 시절 시골 아이들에게 여름성경학교는 큰 축제였다. 서울에서 남자 선생님 한 분과 여자 선생님 한 분이 풍성한 먹을거리와 선물을 가지고 오셔서 한 주간 동안 여름성경학교를 인도했다. 조용한 시골 동네가 갑자기 왁자지껄해지고, 사람들의 살아 있는 숨결이 느껴졌다. 월요일 저녁부터 금요일 저녁까지 계속된 여름성경학교는 유치원생부터 중학생까지 모든 동네 아이의 잔치였다.

나는 월요일 저녁 예배 참석을 시작으로 여름성경학교에 빠지지 않겠다고 다짐했다. 매일 아침 6시 새벽기도가 있었다. 옆집 형이 새벽에 나를 깨워 주었다. 나는 졸린 눈으로 형과 함께 교회로 향했다. 교회로 가는 길목에는 한여름 과일을 비롯한 온갖 농산물이 즐비했다. 교회를 향하던 형의 눈이 갑자기 번쩍했다. 참외밭을 지나던 참이었다. 말로만 듣던 참외 서리. 우리는 밭에 들어가 참외를 하나씩 가지고 나와 열심히 먹었다. 그런 다음 늦을까 봐 서둘러 예배당 안으로 뛰어갔다. 새벽예배가 끝날 무렵 선생님이 말씀하셨다. "여러분이 지금까지 지은 죄를 다 고백하면 하나님께서 모두 용서하실 것입니다. 오늘 아침 자신의 모든 죄를 고백하고 용서받기 바랍니다."

죄가 무엇인지 알지 못했지만, 예배를 드리기 직전 참외를 따 먹은 일은 반드시 회개해야 할 큰 죄임이 분명했다. 죄가 넘친 곳에 은혜가 넘쳤다. 방금 지은 죄 때문에 내가 죄인이라는 말에 저항하지 않고 회개를 시작했다. 그렇게 나의 첫 번째 회개가 시작되었다. 그해 내 생애 처음 여름성경학교는 너무나 즐거운 추억이 되었다. 새벽부터 저녁 땅거미가 질 때까지 우리는 교회에서 살았다. 그 한 주간 동안 내 입에 붙은 찬송가는 242장이다. 찬송가 전체 가사는 기억하지 못했지만, 처음 나오는 "황무지가 장미꽃같이 피는 것"과 "거룩한 길 다니리"라는 구절이 계속 반복해서 귀에 남았다. 하나님의 나라를 기대하며 거룩하게 사는 것을 강조하는 찬송가이다. 하나님이 그때부터 나를 거룩의 여정으로 인도하고 계셨다. 그 한 주간 동안 선생님의 말씀과 성경공부, 미술대회, 노래 부르기, 게임과 체육행사를 통해 나는 천천히 하나님의 임재 안으로 들어가기 시작했다. 부모님 사정 때문에 어쩔 수 없이 방학 기간 시골에서 지내야 했던 그 시절, 시골의 작은 교회에서 하나님 배우기의 걸음마를 시작하고 있었다.

신앙의 고향

본격적인 나의 신앙 여정은 훨씬 이후에 시작되었다. 어린 시절 우리 식구는 부모님과 아들 삼형제와 딸 둘, 이렇게 일곱 명이었다. 아버지께서는 미군 부대 앞에서 영어로 서류를 작성하고, 통역하고, 번역하는 일을 하셨다. 누나가 태어난 지 일 년이 안 되어 허리가 굽는 병이 생겼다. 미군 병원을 비롯한 여러 병원에 다녀보았지만, 결국 누나의 병을 고치지 못했다. 어머니는 누나의 병 때문에 신세를 한탄했고, 누나는 자기 모습에 대해 큰 상처를 안고 살았다. 자기 모습에 불만족한 누나와 신경질적으로 예민한 어머니의 갈등으로 집안은 늘 불안했다. 그런데 내가 중학교 3학년이 되던 해 소망이 생겼다. 누나가 고등학교를 졸업하고 찾아간 한 기도원에서 어느 권사님의 안수기도를 받고 상태가 조금씩 호전되기 시작했다. 어머니의 평생 한이 되었던 누나의 병이 조금씩 치유되고 신앙을 갖게 되니 누구보다 어머니가 기뻐했다. 누나를 위해서라면 무슨 일이든지 하겠다던 어머니는 이 기적을 보고 교회에 나가기로 결심하셨다. 어머니가 모든 식구에게 선언했다. "내일부터 우리 가족 모두 교회에 나간다."

당시 나의 고향은 경기도 평택이었지만, 나는 서울의 큰 집에서 학교를 다니는 중학교 3학년 학생이었다. 식구들이 교회에 나간다는 소식을 듣고 나는 주말마다 고향 집에 내려와 교회에 출석하기 시작했다. 내가 고향 교회에 처음 나간 날을 잊을 수 없다. 우리 가족이 나간 교회는 개척한 지 얼마 안 되는 교회였다. 교회에는 중고등부 학생들을 위한 별도 예배가 있었다. 중고등부 예배에 참석하는 첫날 내가 교회 입구에 들어서는데 갑자기 하나님의 음성이 들렸다. "정훈아! 왜 이제 오니?" 너무 충격적이었다. 예배당에 앉았을 때 나는 하나님이 나를 오랫동안 기다리셨다는 것을 느낄 수 있었다. 내가 언제 하나님을 만난 적이 있단 말인가. 그때 시골 외갓집에서 보낸 짧은 한 주간 여름성경학교의 기억이 떠올랐다. 새벽예배까지 출석하던 당시의 아름다웠던 추억이 내 마음속에 하나님 임재의 흔적을 남겨 놓았다. 사실 나는 그 여름 이후로 하나님을 까마득하게 잊고 살았지만 이미 내 속에는 신앙의 고향이 자리를 잡고 있었다.

지금도 나는 주일학교 교사들을 가르칠 때면 교육의 목표는 바로 아이들의 가슴에 신앙의 고향을 만들어 주는 것이라고 강조한다. 아이들은 수련회, 크리스마스 등 교회 활동을 통해 가랑비에 옷 젖듯 하나님의 임재를 서서히 배워간다. 틈만 나면 예배에 빠지려 하고 하나님이 어디 있느냐고 반항하는 아이들조차도 자기도 모르게 하나님의 임재를 경험한다. 언제 교회를 떠날지 모르는 아이들이다. 돼지 쥐엄 열매를 먹던 탕자가 문득 아버지의 품이 기억나 돌아갈 용기를 얻은 것처럼, 아이들이 어디 있든지 그들 마음속에 신앙의 고향이 자리하고 있다면 언제든지 아버지의 품으로 돌아올 수 있다.

어느새 나를 사로잡은 하나님의 임재 때문에 나는 이제 하나님을 떠날 수 없는 사람이 되어 있었다. 거룩하신 하나님, 그분이 내 안에 들어오신 것이다.

영원부터 영원까지

한 번 하나님을 만났다고 해서 사람이 완벽하게 변화되는 것이 아니었다. 하나님의 임재가 우리 삶의 구석구석, 우리 몸의 뼛속까지 파고들어야 한다. 그분의 임재가 우리를 변화시킨다. 나는 초등학교 5학년 때부터 청운의 꿈을 품고 서울에 올라와 객지 생활을 했다. 큰아버지 댁에 살면서 혼자 모든 것을 결정해야 하는 외로운 시절을 보냈다. 홀로 남겨진 시간에 나는 인생의 고독을 짙게 맛보았다. 대학을 목표로 진력하는 나에게 하나님이 다시금 찾아오셨다. 고등학교 기독학생회에서 성경 공부할 기회가 생겼다. 미래가 불확실한 사춘기 시절, 나는 기독학생회에서 예수님을 구주로 영접하고 신앙의 기초를 다졌다. 1학년 1학기 기독학생회 모임에서 3학년 선배가 가르쳐준 시편 90편의 매력에 빠져들었다.

주여! 주는 대대에 우리의 거처가 되셨나이다.
산이 생기기 전, 땅과 세계도 주께서 조성하시기 전
곧 영원부터 영원까지 주는 하나님이시니이다 시 90:1-2

나는 하나님의 임재 안에서 경이로움을 느꼈다. "영원부터 영원까지." 이 구절은 하나님의 속성을 단번에 드러내 주었다. 영원하신 하나님이 내 앞에 서 계셨다. 가슴으로 경험했던 영원하신 하나님의 속성을 말씀을 통해 확인하는 시간이었다.

주의 목전에는 천 년이 지나간 어제 같으며
밤의 한 순간 같을 뿐임이니이다.
주께서 그들을 홍수처럼 쓸어가시나이다.
그들은 잠깐 자는 것 같으며 아침에 돋는 풀 같으니이다.
풀은 아침에 꽃이 피어 자라다가
저녁에는 시들어 마르나이다 시 90:4-6

천년을 순간으로 여기시는 영원하신 하나님과 아침에 돋고 저녁에 시드는 풀 같이 연약한 인간의 극명한 차이를 가슴에 품고 나는 고등학교 사춘기를 보냈다. 매일 나 자신의 부족함 때문에 절망하면서도, 하나님의 영원성을 사모하면서 순간의 한계를 극복하려고 애썼다. 기독학생회에서 성경 읽는 훈련을 받고 아침 저녁으로 성경을 묵상하면서, 나를 찾아오신 영원하신 하나님을 기억했다. 나는 제한되고 순간적인 삶 속에서 하나님을 묵상하며 영원을 소망하고 마음의 평안을 누릴 수 있었다. 그리고 하나님의 임재를 경험하기를 갈망하는 꿈 많은 대학생이 되었다.

있는 모습 그대로

신앙에 대한 환상을 품고 대학생활을 시작한 나는 막혔던 봇물이 터지는 것 같은 경험을 했다. 교회 청년회, 학교 기독학생회, 야학, 방송반 등 여러 모임에 참여하면서 신앙 갈증을 해결하려고 시도했다. 하지만 신앙 문제를 진지하게 고민하기도 전에 정체성 문제로 인해 많은 좌절을 경험하게 되었다.

공부에만 집중하다가 대학에 들어가 갑자기 많은 사람을 접하기 시작하면서 비교의식에 의한 열등감이 찾아왔다. 소극적인 성격, 적은 체격과 작은 키, 사람들 앞에서 수줍음과 말을 잘 못하는 것 등으로 인하여 좌절감이 찾아왔다. 실수를 두려워하고 감추고 싶은 것들이 많다보니 사람들 앞에 서기를 두려워했다. 나를 사랑하지 못하고 나 아닌 다른 사람이 되고 싶었다. 교회생활을 착실하게 한다는 자부심을 가지고 대학에 들어갔지만, 대학의 자유로운 문화와 자유주의 신학이 나를 엄습하면서 신앙의 틀이 무너져갔다. 형식적으로는 부족함 없는 신앙인으로 보이지만, 실제로는 신앙의 중심으로 들어가지 못하고 겉에서 맴

도는 이방인일 뿐이었다. 그래도 바쁜 대학생활 가운데 이른바 진리를 찾아 부단히 애썼지만 3학년 중반이 되면서 나는 거의 탈진 상태에 이르렀다. 그해 나는 교회 청년부 회장을 맡으면서 많은 활동을 하였지만, 그 활동들이 나를 변화시키지 못하고 외로움과 영적 갈망은 더 커져만 갔다. 친구들과 은사를 받으려고 순복음 교회 금식기도원에 가서 열심히 기도하다가 새벽에 돌아오면서 여전히 응답이 없는 하나님께 나는 선전포고를 했다. "하나님 섭섭합니다. 더는 신앙생활 할 힘이 없어요. 이제는 나 신앙생활 그만합니다. 교회 안 나갈 겁니다." 나는 지쳐 있었다. 그해 여름에 청년부 봉사활동을 끝으로 신앙을 포기하려고 했다. 이러한 상태에서 신앙인으로 사는 것이 위선으로 보였고, 앞으로 내가 무엇을 위해 살아야 할지 어둡기만 했다.

그러나 하나님은 나를 그대로 두지 않으시고 나에게 다가오셨다. 그해 여름 봉사활동을 떠난 첫째 날 밤, 총무인 친구와 대화를 나누면서 청년들의 악화된 관계와 나의 영적인 상태에 대하여 절망을 느꼈다. 기도는 막혀 있었고, 열심히 살아도 느껴지지 않는 하나님을 향하여 절규했다. 나를 긍휼히 여기는 친구가 나를 위하여 기도해 주었다. 그때 내 속에서 울음이 터져 나왔다. 나는 울고 또 울었다. 얼마나 되었을까. 갑자기 가슴 깊숙한 곳에서 하나님의 음성이 들려오기 시작했다. "내가 너를 있는 그대로 사랑한다." 아니 내가 그 사실을 몰랐단 말인가? 성경에서, 설교에서, 책에서 수십 번도 더 듣던 말이 아닌가? 그러나 처음으로 그 말이 머리에서 가슴으로 내려와 느껴지기 시작했다. 그동안 행위에 의지하여 감추던 모든 것을 내려놓고 하나님의 품에 안기니 너무나 평안했다. 어렸을 때는 울보라는 소리를 들었지만, 나이가 들어서는 눈물을 흘려본 적이 없는 내가 눈물 가운데 하나님을 향하여 고백했다. "하나님이 나를 사랑하시다니!"

하나님이 나를 사랑하신다는 말이 왜 그렇게 가슴에 와닿았던가. 후에 나는 이때의 신앙 체험을 존재와 행위라는 개념으로 정리했다. 내가 살아온 인생은 존재 자체보다는 사랑받을 만한 가치를 행위로 증명하라고 요구했다. 나는 인정받고 사랑받을 만한 행위를 하려고 노력하였지만 늘 좌절했다. 나의 본 모습을 인정하지 않고 감추고 싶어서 나와 싸웠다. 그러나 내가 아무 일을 하지 않아도 나를 있는 그대로 사랑하신다는 그 음성 속에서 나를 감싸 안으시는 하나님의 임재를 느꼈다. 그때까지 내가 얼마나 나를 미워했으며 나의 열등감과 얼마나 힘겹게 싸웠는지를 깨달았다. 그날 밤 예수께서 나를 맞이하셨다. "수고하고 무거운 짐 진 자들아, 다 내게로 오라. 내가 너희를 쉬게 하리라"마 11:28. 거룩하신 하나님은 그 밤에 나에게 다가오셔서 나를 안아주셨다. 나는 이제 나의 한계를 내 삶의 일부로 사랑하는 존재가 되었다.

하나님의 주권과 인간의 기다림

하나님의 임재를 경험한 후에 나는 이제 중고등부 교사와 청년회장을 역임하면서 다른 사람이 하나님의 임재를 경험하도록 돕는 위치에 서게 되었다. 수련회를 비롯하여 다양한 활동 중에 많은 프로그램을 만들었지만, 정작 하나님의 임재가 필요한 현실에서 벽을 느꼈다. 사람들이 하나님의 임재를 경험하도록 열심히 준비하였지만, 결과는 마음에 들지 않았다. 프로그램은 완벽해 보였지만, 인간의 작품에 머물렀다. 하나님의 영광을 위해 일하는 것처럼 보이지만, 사실상 나의 영광이 숨어 있었다. 내가 최고이며 하나님 없이도 할 수 있다는 교만이 숨어 있었고, 끝나고 나면 은근히 사람들의 칭찬을 기대했다. 열정적으로 노력하지만, 수련회를 마치고 나면 남는 것은 성령의 임재가 아니라 늘 허탈감이었다.

그런데 나는 예상치 않게 한 전도사님을 통하여 두 번째 벽을 넘어설 수 있는 길을 발견했다. 중고등부 교사를 하면서 설교하는 것만 전도사님께 맡기고 총무로서 모든 프로그램을 내가 도맡아 하곤 하였는데, 마지막 날 전도사님의 인도로 수련회를 진행하는 중에 학생들이 하나님의 임재를 체험하는 것을 목격하게 되었다. 그때 나는 나무 위에 올라가 모세에게 불을 내리는 하나님의 역할을 맡았다. 내가 하나님의 음성으로 모세를 부르고 불을 내렸다. 학생들과 교사들은 열심히 기도하면서 은혜로운 시간을 맞이했다. 프로그램을 하기 전에 전도사님은 교사들과 임원들과 협력하여 기도하면서 하나님의 은혜를 간구했다. 준비과정은 그렇게 단순해 보였지만 전도사님은 인도자로서 편안하게 하나님의 은혜를 기다리면서 모든 것을 진행하셨다. 그 노력이 특별해 보이지 않았지만 모두 기쁨 가운데 하나님의 임재를 경험했다. 무엇이 하나님의 임재를 가능하게 한 것일까? 하나님을 만나기 위하여 대단한 기교를 기대하였던 나에게는 그 과정이 너무나 간단해서 허탈했다. 그러나 그 경험은 나의 신학적인 틀을 바꾸었다. 하나님의 나라는 건설하는 것이 아니라, 임하는 것이다. 하나님은 당신의 주권으로 오시는 분이다. 그렇다. 인간이 할 수 있는 것은 오직 준비하면서 기다리는 것이다. 궁극적인 것을 기다리면서 궁극 이전의 것을 준비하는 것이 인간의 본분이라는 본회퍼의 말을 기억하게 되었다.

누미노제

나는 계획적으로 거룩을 체험한 사람이 아니었다. 오히려 하나님에 대해 낯선 이방인으로 오랫동안 살다가 하나님의 전적인 이끌림으로 인하여 거룩의 세계 안으로 들어왔다. 내가 경험한 것이 바로 초월적인 하나님에 대한 누미노제 경험이었다. 하나님의 임재는 추상적이거나 학자들이 짐짓 지어낸 상상의 상태가 아니라 실제 존재하는 현실이다. 하나님의 초월성超越性, transcendence이란 인간과는 전적으로 다른 타자이신 하나님의 다가오심을 의미한다. 거룩한 하나님을 체험한 직후에도 나는 이 경험을 설명할만한 학적인 지식이 부족했기에, 이 경험을 비밀스럽게 남겨두었다가 수련회 때만 떠올려야 한다고 생각했다. 하지만 수련회를 인도할 때마다 거룩 경험이 반복되면서, 나는 이 경험을 무시하지 말고 학문적으로 더 밝혀야겠다고 생각했고, 그동안 구약학에서 관심을 끌지 못했던 묵시문학을 공부하면서 조금씩 이해하게 되었다. 구약의 제사장 문헌에서 성령을 통한 하나님의 임재를 배우고, 성막에서 일어나는 하나님의 임재 전승이 지성소 체험, 보좌 환상을 통해 묵시문학으로 이어지고, 나아가 예수의 승천과 바울의 승천 체험을 통해서 기독교가 시작되는 거룩 전승을 공부하면서 나는 감추어졌던 거룩에 대한 학문적인 접근을 시도할 수 있었다. 거룩 체험의 눈으로 성경을 다시 보면서 거룩에 관한 신학의 틀이 완전히 새로워졌다.

이제 다음 장에서부터 내가 경험한 거룩 체험의 눈으로 거룩을 체험한 성경 인물들인 야곱과 모세에게 접근해 보려고 한다.

이해를 돕는 질문들 ...

1. 하나님의 초월성이 이해되기 어려운 과학주의 시대가 되었다. 당신은 하나님의 초월성을 어떻게 이해하는가? 친구들에게 어떻게 설명할 수 있는가?

....

....

....

2. 다음과 같은 저자의 마음이 이해될 때가 있었는가? "열정적으로 다양한 프로그램을 준비하였지만, 수련회를 마치고 나면 남는 것은 성령의 임재가 아니라 허탈감이었다."

....

....

....

3. 하나님의 임재를 경험하는 방법은 무엇인가? 어떻게 다른 사람들이 하나님의 임재를 경험하도록 도와줄 수 있을까?

....

....

....

3장

야곱의 벧엘 체험

여호와께서 과연 여기 계시거늘 내가 알지 못하였도다!

창세기 28:16

하나님의 임재를 경험하고 거룩한 삶을 사는 것을 거룩의 여정이라고 말할 때 야곱은 가장 전형적인 거룩의 여정을 보여준다. 야곱은 초월적인 하나님을 두 번 경험한다. 벧엘에서 처음으로 초월적인 하나님을 경험하고 신앙의 여정을 시작한 야곱은 얍복강 가에서 다시 하나님을 만나 이기적인 야곱에서 교회의 거룩한 아버지인 이스라엘로 변화된다. 야곱에게 벧엘은 거룩 체험을 위하여 중요한 장소이다. 벧엘은 야곱이 처음으로 거룩하신 하나님을 만난 장소이며, 위기 가운데 있을 때 다시금 그곳을 향한 신앙의 순례를 통해 회복을 도왔던 신앙의 고향과 같은 곳이다. 거룩하신 하나님을 대면하기 전까지 야곱은 자기의 이름대로 수단과 방법을 가리지 않고 사람들과 싸워 이기려고만 애쓰던 교활한 사람이었다. 그가 하나님의 사람으로 변화된 것은 전적으로 거룩하신 하나님을 만남으로 인한 것이다. 변화가 필요한 야곱의 결정적인 순간에 하나님이 그에게 다가오셨다. 이제 야곱이 걸었던 거룩의 여정을 살펴보기로 하자.

늪에 빠져들다

야곱은 믿음의 조상 아브라함의 손자로 태어났다. 믿음의 가문에서 태어났지만, 그는 철저한 자연인이었다. 신앙적인 부모 밑에서 자랐어도 야곱의 마음을 지배하는 것은 오직 경쟁심뿐이었다. 자신만이 우주의 주연이었고, 다른 이들은 조연일 뿐이었다. 야곱은 뱃속에서부터 형보다 먼저 태어나려고 형의 발꿈치를 붙잡고 나와서 발꿈치"야곱"라는 이름을 갖게 되었다. 야곱과 에서는 같은 부모에게서 태어났지만, 기질이 서로 달랐다. 에서는 매우 건강하고 호탕했으며 사람들에게도 호감을 주는 모습으로 들에서 사냥하기를 좋아했다. 에서와 달리 야곱은 들에 나가서 사냥하는 것보다는 집에 거하는 것을 좋아했다. 이삭은 장남인 에서가 사냥해 온 고기를 즐겨 먹으며 에서를 편애하기 시작했다. 평생을 독자로 자란 이삭은 한 자식을 편애하는 것이 무엇인지 깨닫지 못했다. 그러는 사이 야곱은 아버지의 사랑을 얻지 못한 박탈감에 살았다. 야곱의 어머니 리브가는 야곱을 측은하게 여기며 에서보다 야곱을 더 사랑했다창 25:27-28.

야곱은 아버지의 사랑을 쟁취하는 데는 실패하였지만, 에서의 장자권과 아버지의 축복을 쉽게 포기하지 않았다. 에서가 들에서 돌아와 심히 피곤하여 배고픔을 이기지 못할 때, 야곱은 에서에게 다가가 팥죽 한 그릇에 장자의 명분을 사는 데 성공한다[창 25:29-34]. 또한 이삭이 에서가 사냥해 만든 별미를 먹고 에서를 축복하려고 할 때에도, "저주는 내게 돌리라"[창 27:13]고 말하는 리브가의 도움으로 야곱은 이삭의 계획을 무산시키고, 에서 대신 눈먼 아버지의 축복을 받는데 성공한다.

야곱이 그렇게 원하던 장자권과 축복을 모두 얻었지만, 기대하던 복을 얻기는커녕 모든 인간관계가 파탄이 나고 말았다. 야곱은 눈먼 아버지를 속인 불효자가 되었고, 화가 난 에서는 야곱을 죽일 기회를 찾았다. 어머니 리브가는 음모를 주도한 공범으로서 사랑하는 야곱을 품에서 떠나보내야 했지만, 죽기 전에 야곱을 다시 보지는 못했다. 야곱은 어쩔 수 없이 형을 피해 하란으로 도망가야 했다. 거룩하신 하나님을 만나기 전까지, 야곱은 하나님 없이 살아가는 것이 아무런 문제가 없다고 생각하고 자기 욕망이 이끄는 대로 살았다. 하지만 자신의 삶이 점점 늪으로 빠져가는 것을 느끼기 시작했다.

엄습하시는 하나님

아버지로부터 거절과 편애를 경험하고 형으로부터 소외와 적대감을 느낀 야곱은 아버지와 형을 속이고 마침내 도망자의 길에 들어선다. 하란을 향해 떠나는 야곱의 현실은 그야말로 불

확실성 자체였다. 어머니 리브가와 이별하고 고향을 떠난 야곱은 벧엘에서 잠을 청한다. 그는 분노에 찬 형이 있는 고향으로 돌아갈 수도 없고, 그렇다고 삼촌 라반의 집에서의 낙관적 미래를 기대할 수도 없다. 야곱은 서글픔 속에 광야 돌베개에 눕는다.

야곱은 그날 저녁 자신이 거룩한 하나님을 체험하리라는 것을 조금이라도 상상할 수 있었을까? 하나님의 임재를 전혀 상상할 수 없었던 바로 그 밤에, 야곱은 거룩하신 하나님을 체험한다. 이기심에 사로잡혀 자연인으로 살아온 야곱은 거룩하신 하나님 체험을 통해 결정적인 회심을 경험한다. 야곱은 하나님을 만나기 위하여 어떤 것도 준비되지 않은 채 두려움과 초조함으로 그 밤을 보냈다.

하나님은 야곱에게 꿈의 환상과 약속의 말씀으로 다가오셨다. 꿈의 환상에서 야곱이 본 사닥다리는 땅에서부터 하늘에까지 닿았다. 천사들이 땅과 하늘을 오가면서 오르락내리락했다[창 28:12]. 이 환상이 암시하는 것은 하늘과 땅이 연결되는 그 장소가 바로 훗날 하늘과 땅이 연결되는 성전이 된다는 것이었다. 야곱은 하늘과 맞닿아 있는 땅의 그 장소[하마콤]에 누워서 천사들을 통해 하늘에 계신 하나님을 경험하고 있었다.

야곱은 잠에서 깨어난 후에 하나님이 여기 계신다고 고백한다[창 28:16]. 야곱은 자신이 누웠던 그 장소에서 하나님의 임재를 체험하며, 그 장소를 "하나님의 집이요 하늘의 문"이라고 이름 붙인다. 하나님의 집이란 하나님이 거하시는 곳이라는 말이다. 하늘의 문이란 하늘로 들어가는 입구이다. 이 말은 야곱이 누웠던 장소는 성전처럼 지상에서 하늘로 들어가는 "하늘의 문"이 되고, 또한 거룩하신 하나님이 거하시는 "하나님의 집"이 됨을 의미한다. 야곱의 경험은 훗날 벧엘 성소나 예루살렘 성전을 순례하던 백성들의 소망이 되었다. 이스라엘과 유다 백성들은 야곱처럼 하늘의 문과 하나님의 집을 통해 하나님의 임재를 경험하기 원했다. 지상의 땅에 있는 성전에서 하늘에 계신 하나님을 대면함으로써 직접 하나님의 임재를 체험하는 경험은 인간이 가질 수 있는 최대의 황홀한 신비적인 체험이었다. 예수님은 자신이 하늘과 땅을 연결하는 성전이며, 자신을 통해서 하나님의 임재를 체험할 수 있다고 말씀하신다. "진실로 진실로 너희에게 이르노니 하늘이 열리고 하나님의 사자들이 인자 위에 오르락 내리락 하는 것을 보리라"[요 1:51].

야곱의 환상 체험은 그의 상황과 관련한 약속의 말씀을 동반한다[창 28:13-15]. 약속의 말씀은 두 가지로 이루어져 있다. 첫째는, 하나님이 조상들에게 하신 약속과 연속성이 있는 약속이다. "네가 누워 있는 땅을 내가 너와 네 자손에게 주리니 네 자손이 땅의 티끌 같이 되어 네가 서쪽과 동쪽과 북쪽과 남쪽으로 퍼져나갈지며 땅의 모든 족속이 너와 네 자손으로 말미암아 복을 받으리라"[창 28:13-14]. 이는 이미 아브라함이 받은 땅과 자손의 약속이 이삭을 거쳐 야곱에게 이어지고 있음을 보여준다. 둘째는, 이제 야곱이 이삭의 뒤를 이어 하나님의 약속을 이루는 후계자로서 역사의 주역이 되었다는 것이다. "내가 너와 함께 있어 네가 어디로 가든지 너를 지키며 너를 이끌어 이 땅으로 돌아오게 할지라. 내가 네게 허락한 것을 다 이루기까지 너를 떠나지 아니하리라 하신지라"창 28:15. 새로운 역사의 주인공으로 등장하는 야곱을 향해 하나님은 그가 어디로 가든지 그와 함께하며 그를 지키고, 그가 하나님이 허락하신 것을 다 이루기까지 그를 떠나지 않을 것이라고 약속하신다. 하나님의 거룩을 체험한 야곱은 과제가 산적한 역사의 현장으로 파송된다. 하나님의 구원 역사를 위한 공생애를 시작한다. 거룩 체험은 야곱에게 하나님의 살아계심에 대한 확신을 주고 하나님을 위한 인생을 살게 한다.

야곱은 약속에 대한 반응으로써 서원을 통하여 새로운 출발을 하게 된다창 28:20-22. 이 서원의 특징은 하나님이 야곱에게 이미 하신 약속을 조건으로 받는다는 것이다. 하나님은 야곱을 이끌어 이 땅으로 다시 돌아오게 하겠다고 약속하셨는데, 야곱은 하나님이 그 약속을 지키실 때 자기가 이룰 서원을 제시한다. 야곱의 서원은 여호와를 하나님으로 삼을 것이며, 이 돌로 하나님의 집을 세울 것이며, 십의 일조를 하나님께 드리겠다는 것이다. 이것은 비록 거래 형식이지만 신앙의 새로운 도약임이 틀림없다. 이 체험은 거룩의 여정을 향한 첫걸음이면서 동시에 계속된 거룩 여정의 동력을 제공한다.

거듭남의 기적

야곱은 비록 속이는 자요 도망자로 고향을 떠났지만, 라반의 집에서 성실하게 일했다. 장인 라반의 계속되는 음모에도 불구하고 야곱은 하나님의 보호를 받으며 성공한 사람으로 귀향길에 오른다. 그래서 후대 사마리아 여인이 예수님에게 이렇게 질문한 것이다. "당신이 야곱과 같은 자입니까?"요 4:12 참고 야곱은 이스라엘의 역사에서 유대 남자들이 선망하는 영웅이요, 유대 여자들이 손꼽아 기다리는 백마 탄 왕자가 되었다. 야곱은 네 아내와 열두 아들과 딸 하나, 거기에 많은 가축과 재산을 소유한 부자가 되어 하란 땅을 떠났다. 야곱이 하란에 그대로 머물러 살기로 했다면 그가 과거에 형에게 지은 잘못은 아무 문제가 되지 않았을 것이다. 그러나 야곱이 고향 가나안으로 돌아오려면, 먼저 오래전에 남겨둔 숙제인 에서와의 관계를 회복해야 했다. 그렇게 해결되지 않은 과제를 안고 야곱은 고향을 향한다.

야곱은 귀향길에 거룩하신 하나님을 대면하게 된다창 32:1. 야곱에게 다가온 하나님의 사자들은 야곱이 벧엘에서 만난 하나님의 천사들과 짝을 이룬다. 둘 다 초월적 하나님 체험을 매개하는 존재들이다. 하나님의 사자들을 목격한 야곱은 그들을 하나님의 군대라고 하고, 그 땅 이름을 마하나임진지이라고 부른다

[창 32:2]. 야곱은 에서에 대한 두려움으로 가나안 땅에 들어섰지만, 하나님의 군대가 그 땅에서 자신을 전적으로 보호하실 것을 믿는다. 마치 여리고 전투를 앞에 두고 승전을 알리는 여호와의 사자처럼 말이다[수 5:13-15]. 야곱이 고향을 떠날 때와 마찬가지로, 야곱이 고향으로 돌아올 때 역사의 주인공이 된 야곱을 향한 하나님의 거룩한 보호가 이루어진 것이다.

그러나 그것으로 남겨진 갈등이 모두 해소된 것은 아니다. 예수님이 성령의 인도하심으로 시험을 받으러 가신 것처럼[마 4:1; 눅 4:1], 야곱은 어떤 사람과의 씨름으로 인도된다[창 32:22-32]. 아직 해결되지 않은 위기의 절정에서 야곱은 거룩하신 하나님을 다시 체험한다. 야곱은 형 에서와 화평을 원했지만, 에서가 사백여 명을 데리고 야곱을 만나러 온다는 소식을 듣고 그가 평화를 원하는지 전쟁을 원하는지 알지 못하기에 두려워했다. 위기를 모면하기 위하여 야곱은 기도하며 형을 위한 예물을 준비하고 아내들, 여종들, 열한 아들들이 얍복강을 건너게 했다. 하지만 정작 자신은 강을 건너지 못하고 고독 가운데 주저하다가 마침내 하나님 앞으로 초청된다[창 32:24]. 나중에 하나님으로 알려진 어떤 사람이 이때 등장해 야곱과 씨름한다. 우여곡절 끝에 야곱이 그 사람으로부터 축복을 얻음으로 씨름이 끝난다. 야곱의 허벅지 관절이 어긋났음에도 야곱은 '하나님과 및 사람과 겨루어 이겼다'는 뜻을 가진 이스라엘이라는 이름을 받는다[창 32:28]. 하나님과 야곱의 씨름은 평생에 걸친 씨름이었다. 하나님은 욕심과 야망으로 가득 찬 야곱에게 씨름을 걸어오셨다. 마침내 야곱의 자아를 뜻하는 허벅지 관절이 부러지고 성령의 지배를 받는 거룩한 하나님의 사람으로 변화되었다. 평생에 걸친 이 씨름의 절정에서 하나님은 자연인 야곱을 거룩한 이스라엘로 변화시키셨다.

이처럼 창세기 32장 전체는 야곱이 신적 존재인 하나님의 사자들을 통해 거룩을 체험하는 이야기를 담고 있다. 벧엘에서 하나님을 처음 만난 야곱은 얍복강 가에서 하나님과 대면하였지만 죽지 않고 생명이 보존되었다고 고백한다[창 32:30]. 즉, 얍복강가 체험은 거룩하신 하나님 체험이었다. 야곱에게 거룩 체험은 단순히 황홀한 체험에 머물지 않고, 속 사람을 변화시키고 새로운 삶을 살도록 결단하게 만드는 과정이었다. 지금까지 살아온 자연인의 정체성을 내던지고 하나님에게 사로잡혀 하나님의 온전한 사람으로 거듭나는 사건이었다.

다시 벧엘로

우리는 창세기 32장에서 야곱이 거룩 체험을 통해 이스라엘이라는 새 이름과 함께 하나님의 사람으로 변화된 후 남은 삶을 행복하게 살았다는 해피엔딩을 기대한다. 그러나 실제로 야곱 이야기는 해피엔딩으로 이어지지 않았다. 야곱의 딸 디나는 그 땅의 딸들을 보러 나갔다가 추장인 세겜에게 강간을 당한다창세기 34장. 동생의 비극에 분노한 레위와 시므온은 세겜 족속을 살육했고, 야곱의 가족은 더는 그 땅에 거하지 못하고 쫓기는 신세가 되고 말았다. 이 위기 앞에서 야곱은 벧엘로 올라가 정결의식을 행한 후 다시금 이스라엘이라는 이름을 얻고 회복된다창세기 35장. 이 이야기에는 하나님의 다가오심으로 이루어지는 야곱의 극적인 거룩 체험이 없다. 다만 "다시 벧엘로 올라가라"창 35:1는 하나님의 말씀과 이에 대한 야곱의 순종이 있다. 이것은 이미 하나님의 거룩함을 체험한 사람이 일상 가운데 말씀 안에서 어떻게 거룩을 보존하면서 거룩의 여정을 걸어야 하는지 보여준다.

야곱은 "다시 벧엘로 올라가라"는 명령을 어떻게 해석했는가? 야곱에게 벧엘은 신앙의 고향이다. 처음 하나님을 만날 때뿐 아니라, 실패와 좌절 가운데 하나님을 향한 믿음을 회복하기를 원할 때 야곱이 다시 찾아가야 하는 곳이다. 야곱은 다시 벧엘로 올라가라는 하나님의 명령에 순종하면서 이십 년 전이나 지금이나 똑같은 자신의 모습을 보게 된다. 이십 년 전 야곱은 에서에게 쫓기는 도망자로 두려움 속에 밤을 지새웠다. 그런데 지금 야곱은, 비록 홀몸이 아니라 가족을 거느리고 있었지만, 그때와 마찬가지로 세겜 족속의 추격을 받는 도망자 신세다. 미래가 불안해 두려워 떨던 이십 년 전처럼 야곱은 지금도 앞으로 어떻게 살아가야 할지 두려워한다. 이십 년 전 하나님의 전적 은혜를 기다렸던 것처럼, 야곱은 지금도 하나님의 은혜 없이는 극복할 수 없는 위기를 경험하고 있다.

돌아보면 이십 년 전 야곱이 고향을 떠날 수밖에 없었던 이유가 전적으로 야곱의 잘못에 있었던 것처럼, 세겜에서 야곱의 가족이 경험한 모든 위기의 원인은 딸의 잘못도 아들의 잘못도 아니라, 오직 야곱의 잘못이었다. 정결에 대한 경각심 없이 가나안 땅에 무리하게 정착하려고 했던 야곱의 잘못이었다. 성공을 위하여 우상이 넘치는 세겜 땅에서 토착민들과 타협하며 정착을 결정한 야곱의 잘못이었다. 성공의 해피엔딩을 향하여 가던 야곱의 삶이 한꺼번에 무너져 버렸다. 실패의 현장에서 하나님은 말씀하신다. "벧엘로 올라가라." 올라가라는 말은 후에 순례자들이 절기를 지키기 위하여 예루살렘으로 올라갈 때 사용한 용어이다. 말씀에 따라 야곱은 벧엘을 향한 순례의 길에 들어섰다. 벧엘로 가는 길은 하나님을 찾아가는 여정이다. 모양만 있는 가짜 경건과 가짜 부흥을 버리고, 참된 하나님의 임재의 여정으로 나아가는 길이다. 벧엘로 올라가는 길에 야곱은 가족들에게 이방 신상을 버리고 정결하게 하며 의복을 바꾸어 입으라고 명령했다. 온전히 하나님만을 섬기겠다는 의지의 표현으로써 가족들은 라헬이 고향에서 가지고 온 드라빔을 비롯해, 자기 손에 있는 모든 이방 신상들과 자기 귀에 있는 귀고리들을 야곱에게 주어 상수리나무 밑에 묻었다. 거룩함의 추구는 곧 1%의 죄에 저항하여 싸우며, 온전한 정결을 준비하고 하나님을 초청함으로써 생명을 누리게 만드는 능력이다. 얍복강 가에서 변화된 야곱도 이스라엘이라고 불렸지만창 32:28, 하나님은 야곱의 이름을 다시 이스라엘이라고 명하시고 번성을 약속하신다[창 35:10]. 야곱은 하나님과 겨루어 이겨 온전히 하나님께 사로잡힌 자가 되고, 생육하고 번성하라는 약속을 통해 이스라엘의 조상이요 거룩한 교회의 아버지가 된다. 새로 부여된 그 이름에 야곱의 후손들로 이루어지는 이스라엘 공동체를 향한 하나님의 소망이 담겨 있다. 거룩하신 하나님을 대면한 그 거룩 체험이야말로 야곱이 신앙인으로 출발하게 하고, 자아를 꺾고 마침내 정결한 삶 속에서 거룩하신 하나님과 동행하게 만드는 능력이 된다.

위로와 도전이 되는 야곱의 거룩 여정

야곱의 거룩 체험은 하나님의 임재를 갈망하는 모든 신앙인의 이상이다. 야곱을 변화시킨 하나님이 하나님의 임재를 향한 여정으로 우리를 초대하신다. 하나님은 욕심과 이기심으로 뭉친 우리의 본성을 철저하게 깨뜨리시고 하나님을 주인으로 모시는 영적인 사람으로 만들어가신다. 하나님의 임재 체험을 통해 우리는 거룩의 여정을 걸어간다. 거룩하신 하나님의 임재에 사로잡힌 사람들은 벧엘을 향한 순례의 길에서 더럽고 추하고 악한 것들을 예수의 피로 정결하게 하며, 죄에 저항하여 더럽힌 땅을 거룩한 땅으로 만든다.

야곱처럼 모범적인 거룩의 여정을 걸어갔던 또 다른 인물은 모세이다. 다음 장에서 구약에 나타난 신비주의의 원조로서 하나님의 얼굴을 적극적으로 보기 원했던 모세를 살펴보기로 하자.

이해를 돕는 질문들 ...

1. 창세기 28장에서 야곱이 경험한 꿈과 약속을 나의 말로 설명해 보자.

2. 창세기 32장에서 야곱은 어떠한 상황이었고, 하나님은 야곱을 어떻게 변화시키셨는가?

3. 창세기 35장을 어떤 면에서 거룩을 향한 순례의 여정이라고 부를 수 있을까?

4. 야곱에게 벧엘은 어떤 의미가 있는가?

4장

모세의 광채 나는 얼굴

원하건대 주의 영광을 내게 보이소서!

출애굽기 33:18

하나님은 인생의 위기 가운데 있는 모세에게 찾아오셨고, 한 걸음 더 나아가 "주의 영광을 보여달라"고 기도하는 모세에게 더 깊은 거룩 체험을 하게 하셨다. 백성들은 하나님을 대면한 후에 변화된 모세의 광채 나는 얼굴을 통하여 거룩 체험의 결과를 확인하였다. 모세는 하나님 주도의 수동적 거룩 체험에 머물지 않고 적극적으로 거룩한 하나님을 만나기를 갈망하였다. 그렇게 모세는 이스라엘 역사에서 신비주의의 기원이 되었다.[1] 구약성경에서 신비주의란 피조물의 한계 안에서 하나님의 임재를 충분히 묵상함으로 더 할 수 없는 황홀경을 경험하도록 돕는다. 모세를 통해 시작된 신비주의가 지성소 체험, 보좌 환상, 에스겔의 메르카바merkabah 전승, 승천 전승과 승천 체험으로 발전한다. 이제 모세로부터 시작된 신비로운 거룩 체험에 대하여 살펴보기로 하자.

떨기나무 불꽃

모세는 인생에서 가장 낮아졌을 때 거룩하신 하나님을 체험한다. 애굽의 왕자였지만, 살인자로 도망하여 광야의 양치기로 일생을 마감해야 하는 처량한 모세에게 하나님이 찾아오셨다. 모세는 지도자로서 공생애의 삶을 시작하기 전 거룩하신 하나님을 만나는 거룩 체험이 필요했다. 하나님은 모세에게 떨기나무에 붙은 불꽃의 모습으로 나타나셨다[출 3:2]. 떨기나무가 불이 붙었음에도 불에 타 소멸하지 않는 신비한 체험을 통해 모세는 거룩하신 하나님을 만난다. 떨기나무는 연약하고 부족한 모세를 상징하고, 불꽃은 거룩하신 하나님의 임재를 상징한다.

모세의 관심을 끈 것은 "떨기나무에 불이 붙었지만, 그 떨기나무가 사라지지 않는 광경"[출 3:2]이었다. 모세는 이 광경을 자세히 보려고 불붙은 떨기나무에 접근했다가 하나님의 거룩을 체험한다. 하나님은 떨기나무 가운데서 모세를 부르시고 말씀하신다. "이리로 가까이 오지 말라 네가 선 곳은 거룩한 땅이니 네 발에서 신을 벗으라"[출 3:5]. 모세가 서 있는 땅은 그가 양치기로서 양들과 함께 밟고 다니던 평범한 땅이었지만 거룩하신 하나님이 임재하시는 순간부터 거룩한 땅이 되었다. 거룩하신 하나님 체험은 모세를 공생애로 밀어 넣고, 그가 날마다 다니던 길을 하나님을 위한 거룩한 공간으로 만들었다. 이제 모세는 하나님의 거룩하심에 사로잡혀, 자기 일을 멈추고 거룩한 땅에서 거룩한 공생애의 삶을 살아간다.

소명, 저항, 수용

모세의 거룩 체험은 단순히 황홀함에 멈추지 않고 출애굽을 위한 지도자로서의 소명으로 이어진다. 하나님은 백성을 향한 당신의 애끓는 마음을 모세에게 전달하기를 원하신다. 하나님은 고된 노동에 시달리는 이스라엘 자손의 부르짖음을 들으시고 그들의 조상들에게 하신 언약을 기억하셨다[출 2:23-25]. 하나님은 애굽에 있는 백성의 고통을 분명히 보셨고, 그들의 부르짖음을 들으셨으며, 그들의 근심을 아셨다[출 3:7]. 지금도 이스라엘 백성에 대한 애굽 사람의 학대와 이로 인한 이스라엘 백성의 부르짖음을 들으신다[출 3:9]. 하나님은 백성을 구원하실 자신의 행동을 여러 개의 동사로 표현하신다. "내려가서, 건져내고, 인도하여, 데려가려 하노라. … 부르짖음이 내게 달하고, 내가 보았으니, 보내어, 인도하여 내게 하리라"[출 3:8-10].

백성의 고통을 향한 안타까움이 너무 커서 하나님은 그들을 그대로 둘 수 없으셨다. 하나님은 모세를 통해 자기 백성 이스라엘을 애굽에서 인도하시고, 하나님의 공동체를 이루려는 계획을 세우신다출 3:12. 하나님은 모세에게 공감을 기대하며 물으신다.

> 내가 너무도 사랑하는 이스라엘 백성들을 향한 나의 마음을 이해하겠느냐? 너도 나처럼 이 백성들의 아픔을 보고 알고 깨닫고 이들을 구원하는 역사에 동참하지 않겠느냐?

이스라엘을 향한 하나님의 마음을 이해하면서, 모세는 자신의 소명이 무엇인지를 깨닫는다. 그러나 그 소명에 응답하기까지 모세의 저항이 시작된다. 모세가 긴 저항을 거쳐 소명을 받아들이게 되는 과정출애굽기 3-4장은 향후 예레미야렘 1:6와 기드온삿 6:15 같은 신앙인들이 자신의 소명을 성찰하는 모델이 되었다. 부르심을 받은 후에 소명을 거부하는 자아와 소명을 받아들이려는 자아 사이에 싸움이 시작된다. 거룩 체험을 통해 하나님 앞에 선 모세는 저항의 과정을 지나 마침내 소명을 받아들이고 출애굽 여정의 지도자로서 여정을 시작한다. 소명을 받아들인다는 것은 완전한 지도자가 되었다기보다는 이제 지도자의 길을 걷기 시작했음을 의미한다. 어떠한 어려움이 있다 할지라도 하나님에 대한 헌신commitment을 계속하겠다는 결단을 의미한다. 하나님은 지도자를 통하여 하나님의 일을 하시면서 동시에 지도자를 변화시키는 일을 계속하신다.

여호와의 현현 theophany

모세에게 맡겨진 사명은, 백성을 애굽에서 이끌어 시내산으로 인도하여 하나님의 예배 공동체를 이루는 것이었다. 하나님은 이스라엘 백성에게 계명을 주시기 전에 처음으로 다음과 같이 나타나셨다.

> 셋째 날 새벽녘에, 천둥소리가 크게 울리고 번개가 치고 짙은 구름이 산을 뒤덮었다. 귀청을 찢는 듯한 나팔 소리가 울려 퍼졌다. 진안에 있던 모든 백성이 두려워 떨었다. … 하나님께서 불 가운데 그곳으로 내려오시니, 시내 산에 연기가 자욱했다. 마치 용광로에서 나오는 것처럼 연기가 뿜어져 나왔다. 산 전체가 크게 흔들리며 진동했다. 나팔소리가 점점 크게 울려 퍼졌다. 모세가 아뢰자 하나님께서 천둥소리로 응답하셨다
>
> 출 19:16-19, 『메시지 성경』

이것은 이스라엘 백성 공동체가 전적인 타자the Other이신 초월적 하나님을 처음 대면하는 장면이다[신 33:2; 시 68:8]. 하나님의 현현을 알리는 증거로써 천둥소리가 울리고, 번개와 짙은 구름이 산을 뒤덮고, 나팔 소리가 울렸다. 이어서 시내산에 연기가 자욱한

가운데 여호와가 불 가운데 강림하시자, 그 연기가 용광로에서 나온 것처럼 떠오르고 온 산이 크게 진동하며, 나팔 소리가 점점 커졌다. 하나님의 이러한 현현 전승은 구약성경에서 반복해서 나타난다[신 33:2; 시 68:8; 삿 5:4-5; 합 3:3].

거룩한 공간의 삼중구조

이스라엘 백성에게 나타나신 하나님의 거룩하심은 출애굽기 24장에서 삼중구조로 나타난다. 이스라엘 백성은 하나님의 거룩을 하나님과의 거리에 따라 다르게 체험한다. 하나님께서 모세에게 아론과 나답, 아비후, 그리고 칠십 명의 장로들과 함께 산으로 올라오라고 명령하신다. 맨 아래 산기슭에는 더는 위로 올라오지 못하는 백성들이 있다[2절]. 다음에는 아론 제사장, 나답, 아비후, 그리고 칠십 장로들이 백성들보다는 더 올라오지만, 그들도 멀리서 경배하라고 명령한다[1절]. 마지막으로, 중보자인 모세에게 여호와께 가까이 나아오라고 명령하신다[2절].

거룩의 등급이 다른 세 공간에서 다른 일들이 일어난다. 맨 아래 산기슭에서 중보자인 모세를 통해 하나님과 백성 사이에 언약이 체결된다[3-8절]. 백성들과 함께 있는 모세가 여호와의 말씀과 규례를 백성에게 전하자, 그들이 여호와의 말씀을 준행하겠다고 고백하고 말씀을 기록한다. 이어서 제단을 쌓고 이스라엘을 상징하는 열두 기둥을 세우고[4절], 아직 법적인 제사장 제도가 수립되지 않았기에 모세가 청년들을 보내어 번제와 화목제를 드리게 했다. 모세는 희생의 피를 절반씩 나누어 절반은 하나님을 상징하는 제단에 뿌리고[6절], 절반은 백성에게 뿌리면서 이것을 언약의 피라고 부른다[8절]. 피를 절반으로 나누는 행동은 언약의 이중적 측면을 강조한다. 제단에 피를 뿌리는 행동은 속죄를 통한 하나님의 용서하심의 의미가 있으며, 피를 백성에게 뿌리는 행동은 백성이 피의 맹세를 통해 말씀을 준행하겠다는 다짐을 상징한다.

두 번째 거룩한 공간인 산 위에서는 모세가 제사장 아론과 나답과 아비후, 그리고 백성을 대표하는 장로 칠십 명과 함께 성만찬을 통하여 하나님의 임재를 체험한다.

> 모세와 아론과 나답과 아비후와 이스라엘 장로 칠십 인이 산으로 올라가서 이스라엘의 하나님을 뵈었다[라아]. 하나님의 발 아래에는 청보석[청옥]을 깔아 놓은 것 같고, 하늘빛처럼 맑고 깨끗했다. 하나님께서 이스라엘 자손의 기둥 같은 이 지도자들을 치지 않으셨다. 그들은 하나님을 뵙고서[하자], 먹고 마셨다
>
> 출 24:9-11, 『메시지 성경』

제사장들과 칠십 장로들이 하나님을 본 행위를 표현하기 위하여 "라아"[보다]라는 단어와 "하자"[보다]라는 단어를 동의어로 사

용한다. 또한 하나님께서 이 지도자들을 치지 않은 것을 굉장히 다행으로 여긴 것은 곧 이 지도자들이 "하나님을 보면 살아남지 못한다"는 전승에 따른 것이다. 지도자들이 안전했던 이유는 그들이 하나님의 얼굴을 대면한 것이 아니라, 하나님의 발아래를 보았기 때문이다. 실제로 그들이 본 것은 하나님이 아니라 하나님의 발아래에 있는 "청보석청옥을 깔아 놓은 것 같고 하늘같이 맑고 깨끗한 긴 판"같은 것이었다.[2] 하나님은 청옥으로 만든 긴 판과 하늘 사이에 서 계셨고, 그들은 하나님의 발아래를 목격하였다. 그들은 이스라엘 백성이 향후 건설될 성막에서 체험할 하나님의 임재를 미리 경험한 것으로 볼 수 있다[출 40:34-38]. 하나님과 언약을 맺은 이스라엘의 지도자들은 하나님의 식탁에 초대받아 "먹고 마심으로" 성만찬을 행하였다.

세 번째로, 모세에게만 허락된 하나님을 대면하는 더 깊은 만남은 지성소를 상징하는 산꼭대기에서 이루어졌다. 모세는 십계명을 받기 위하여 가장 거룩한 산꼭대기에 올라가 하나님을 만난다[출 24:12]. 모세는 산꼭대기에서 하나님의 임재를 체험한다[출 24:15-18]. 하나님이 일곱째 날 산에서 모세를 부르시는 날이 되기 전까지 여호와의 영광이 시내산에 머무르고 엿새 동안 구름이 산을 가렸다. 구름은 모세가 하나님을 직접 대면하는 것을 막으면서 신비로운 하나님의 임재와 영광을 드러내는 장치다. 산 위에 있는 여호와의 영광은 이스라엘 백성에게 "맹렬한 불" 같이 보였다. 이제 모세가 구름으로 들어가 사십 주야를 산에 머물면서 하나님의 임재를 깊이 체험한다. 산꼭대기란 가장 거룩한 곳 곧 성막의 지성소를 상징한다. 시내산 꼭대기에서 하나님을 체험하고 내려온 모세는 이후 성막에서 가장 거룩한 자리인 지성소의 그룹[또는 보좌]에서 하나님을 만난다[출 25:22; 30:6; 37:9; 민 7:89]. 모세가 이곳에서 거룩하신 하나님을 만나는 것을 지성소 체험이라고 부른다. 모세가 산꼭대기 또는 지성소에서 하나님을 만난 상세한 내용은 언급되지 않는다. 나중에 예언자들이 경험한 보좌 환상을 통하여 간접적으로 짐작할 뿐이다.

출애굽기 24장은 말씀과 하나님의 임재가 균형을 이루면서 영과 진리로 이루어지는 예배의 모범적인 모델을 제공한다. 한편으로 말씀이 선포되어 백성들이 말씀에 준행할 것을 결심한다. 다른 한편으로 피를 통하여 백성들의 속죄가 선포되고, 더 깊은 하나님의 임재를 경험하게 된다. 본문에 등장하는 피 뿌림과 공동식사는 기독교 전승에서 주의 만찬과 연결된다[마 26:28; 막 14:24; 고전 11:25]. 피 뿌림과 공동식사는 새 언약의 중재자이신 예수의 죽음을 통하여 이루어진 속죄의 차원에서 하나로 결합된다[히 9:15-22]. 하나님의 말씀 선포, 친교, 속죄, 하나님의 임재, 순종에로의 결단 등이 피의 언약과 성찬식에서 발견된다.[3]

내 등을 보리라

모세는 앞의 사건들을 통하여 하나님의 임재를 이미 충분히 경험했지만, 이에 만족하지 않고 하나님의 얼굴을 직접 보기를 소원한다. "원하건대 주의 영광을 내게 보이소서!"출 33:18 모세가 떨기나무 가운데서 불꽃으로 임하신 하나님을 경험하고, 시내산 꼭대기에 올라가서 사십 주야 동안 하나님의 특별한 임재를 경험했지만, 아직 경험하지 못한 더 깊은 체험이 남아 있었다는 말이다. 즉, 모세는 가장 거룩한 장소에 머물렀지만, 그곳에서 하나님의 얼굴을 보지는 못했다. 하나님의 얼굴을 보여 달라는 모세의 요청에 대해 하나님은 인간이 하나님의 얼굴을 보면 살 수 없다고 말씀하시면서도출 33:20, 모세의 소원에 응답하신다.

> 보아라, 여기 내 옆에 자리가 있다. 이 바위에 서 있어라. 나의 영광이 지나갈 때 내가 너를 바위틈에 두고, 내가 다 지나갈 때까지 너를 내 손으로 덮어 주겠다. 그런 다음 내가 손을 치우면 너는 내 등을 보게 될 것이다. 그러나 내 얼굴은 보지 못할 것이다 출 33:21-23, 『메시지 성경』

하나님은 모세의 소원에 따라 당신의 모습을 보여주시지만, 얼굴이 아니라 오직 등만 보여주신다. 즉, 하나님의 얼굴을 완전히 보는 것은 인간에게 금지되지만, 하나님의 등은 볼 수 있다는 말이다.

하나님의 얼굴은 볼 수 없지만, 하나님의 등은 볼 수 있다는 말은 무슨 뜻인가? 인간에게 허락되는 신비적인 경험에 한계가 있다는 말이다. 하나님을 보는 신비로운 경험은 비록 소중하지만, 만천하에 자랑하고 공개할 것이 아니라 오직 하나님과 나만의 비밀로 간직해야 할 체험이라는 말이다. 바울도 자신이 삼층천에 다녀온 신비로운 체험을 부득불 말하기는 하지만, 이것이 자랑거리가 될까 두려워하면서 자신을 위해서는 오히려 약한 것들 외에는 자랑하지 않겠다고 말한다[고후 12:5-6]. 이처럼 이스라엘 역사에서 거룩하신 하나님에 대한 신비로운 체험은 양면성이 있다. 신앙인이 영적인 갈증을 해소하고, 신앙의 성장을 위하여 하나님을 향한 신비로운 체험을 추구하는 것은 권장할만하다. 그러나 신비로운 체험을 추구하면서 하나님과 같이 되었다고 교만해 하고, 자신의 주관적인 체험을 절대화하면서 다른 사람의 체험을 무시하는 것은 위험한 일이다. 이러한 위험성을 인식하면서 자신이 하나님의 피조물임을 인식하고, 하나님 체험을 하나님과 나만의 비밀로 여기고, 겸손하게 자신만의 신앙 여정을 걸어갈 때 하나님에 대한 신비로운 체험이 우리에게 영적 성장을 위한 소중한 기회가 될 것이다.

광채 나는 얼굴

마지막으로 살필 하나님의 임재에 관한 모세의 체험은 모세의 광채 나는 얼굴에 관한 것이다. 이는 예수 얼굴에 비친 영광[고후 3:13-18]과 대조가 되기에 시선을 끈다. 모세는 하나님과 이스라엘 백성의 중보자로서 더 깊은 하나님의 임재를 체험하였다. 모세가 두 번째로 여호와 앞에서 사십 주야를 보내고, 마침내 하나님이 쓰신 십계명인 두 개의 증거판을 들고 시내산에서 내려왔을 때, 사람들은 모세의 얼굴 피부에서 광채가 나는 것을 발견했다[출 34:29-35]. 모세의 얼굴에 광채가 나는 것은 그가 40일 동안 하나님의 임재 안에 오래 머물러 거룩해졌음을 보여주는 증거가 된다. 모세는 이때만이 아니라 여호와 앞에 들어가서 여호와와 말할 때마다 얼굴 피부에 광채를 발하는 경험을 했다[출 34:34]. 모세 얼굴의 광채가 너무 특별해서 아론과 이스라엘 자손이 모세 가까이하기를 두려워하자, 모세는 하나님의 말씀을 전할 때만 수건을 벗고, 말씀을 마치면 수건으로 얼굴을 가렸다.

이처럼 출애굽기 34장에서 모세의 광채 나는 얼굴을 강조하는 이유는 모세가 다른 백성들과 달리 하나님의 중보자로서 하나님의 거룩하심을 경험한 인물임을 강조하기 위함이다. 그런데 신약성서에서 바울은 이 사실을 다른 관점에서 해석한다. 바울은 예수의 얼굴에 나타난 영광을 강조하기 위하여 모세의 얼굴에 나타난 영광을 제시한다. 모세의 얼굴에 나타난 영광이 사람들을 놀라게 했다면, 예수의 얼굴에 나타난 영광은 더 큰 영광이며 놀라운 것이 아니냐고 바울은 반문한다[고후 3:7-8]. 바울에 따르면, 모세의 얼굴에 비친 영광은 장차 그리스도의 얼굴에 있을 영원한 영광을 예표할 뿐이다. 모세 얼굴에 나타난 영광은 시간이 지나면 사라질 일시적인 영광이지만, 예수 얼굴의 영광은 영원히 사라지지 않을 영광이기 때문이다.

바울이 전하고자 하는 것은 모세와 예수의 결정적 차이다. 모세는 거룩의 근원이 아닌 피조물이기에 그의 얼굴에 나타난 광채는 오직 하나님으로부터 온 충만한 거룩을 잠시 보여주지만, 예수는 모세와 달리 거룩의 근원으로서 신앙인들에게 충만한 거룩을 전해줄 수 있다. 신앙인들은 예수 안에 있는 하나님의 충만한 임재를 통해 모세처럼 하나님의 충만한 임재를 누릴 수 있다. 그런 의미에서 모세는 예수와 견줄 수 있는 존재가 아니라, 예수를 예표하고 거룩하신 하나님을 만나 거룩해지기를 원하는 신앙인들의 모델이 된다.

위로와 도전이 되는 모세의 거룩 여정

모세는 거룩의 여정을 걷기 원하는 신앙인들에게 위로와 도전을 제공하는 인물이다. 모세가 우리에게 위로가 되는 것은 그가 우리처럼 연약한 떨기나무 같은 존재일 때 거룩하신 하나님이 찾아오셨다는 사실 때문이다. 죽음의 위협과 거절과 실패의 아픔 속에서 한없이 작아지고 도망갈 수밖에 없는 현실 속에서, 모세는 강권적인 하나님의 임재를 통하여 역사의 현장에 모습을 드러내고 서서히 지도자로 만들어져 갔다. 거룩의 여정에 들어서기를 두려워하는 평범하고 부족해 보이는 신앙인일지라도 연약했던 모세 때문에 용기를 낼 수 있을 것이다. 모세가 우리에게 도전이 되는 것은 그가 거룩의 여정에서 지도자로서 해야 할 역할과 개인적인 신앙의 균형을 잘 유지한 사람이기 때문이다. 모세는 갑자기 다가온 소명에 대하여 주저하고 저항하였지만, 하나님의 손에 사로잡힌 후에는 조금씩 성품이 바뀌고 지도자로서 점점 발전하였다. 그는 하나님과 이스라엘 백성의 중보자로서 말씀과 하나님의 임재의 균형 가운데 이스라엘을 건강한 예배 공동체로 만들어갔다. 그는 떨기나무에서 불꽃으로 나타나신 하나님을 대면한 이후에도, 하나님의 얼굴을 보겠다는 열망을 포기하지 않고 마침내 하나님의 등을 보게 된다. 하나님의 거룩을 경험한 후에 자만하지 않고 광채 나는 얼굴을 수건으로 가리고 하나님만 드러내려고 노력하였다. 모세는 쉬지 않고 다가오는 많은 임무를 수행해야 할 지도자로 바쁘게 살면서도, 하나님의 더 깊은 임재를 갈망하고 내면의 소리를 잘 듣고 지도자의 역할과 개인적인 영성 사이에 균형을 이루며 살아간 이상적인 지도자의 모습을 우리에게 보여준다. 이번 장에서 살펴본 것은 개인적으로 하나님의 거룩을 체험한 모세의 모습이다.

다음 장에서는 모세가 중보자로서 성막과 회막 같은 제도를 통해 이스라엘 백성들이 하나님의 임재를 체험하도록 어떻게 도왔는지를 살펴보려고 한다.

이해를 돕는 질문들 ...

1. 모세가 광야에서 목격한 불꽃과 떨기나무는각각 그에게 어떤 의미가 있는가?

2. 출애굽기 24장에 나타난 거룩의 3중 구조를 설명해 보자.

3. 출애굽기 34장에서 나타난 모세의 광채 나는 얼굴의 중요성은 무엇인가?

5장

이스라엘의 회막과 성막

모세가 회막에 들어갈 때에 구름 기둥이 내려 회막 문에 서며 여호와께서 모세와 말씀하시니

출애굽기 33:9

여호와의 영광이 온 백성에게 나타나며 불이 여호와 앞에서 나와 제단 위의 번제물과 기름을 사른지라 온 백성이 이를 보고 소리 지르며 엎드렸더라

레위기 9:23-24

하나님께서 시내산에서 이스라엘 백성들에게 나타나신 이후 공식적으로 백성을 만나기 위한 제도를 준비하셨는데, 그것이 회막the tent of meeting, 오헬 모에드과 성막the tabernacle, 미슈칸이다.[1] 진 안에 있는 장막tent을 나타낼 때 회막과 성막이라는 용어를 함께 사용하지만, 진 바깥에 있는 장막을 회막이라는 용어를 사용하여 진 안에 있는 장막과 구별한다출 33:7-11; 민 11:16-17; 12:4-5; 신 31:14-15. 진 바깥에 있는 회막과 진 안에 있는 성막을 통하여 지도력이 모세에게서 제사장, 그리고 여호수아와 장로 등에게로 점차 이양되었다. 공동체는 이 제도를 통해 하나님의 임재를 경험할 수 있었는데, 하나님의 임재를 경험하는 방법은 서로 달랐다. 모세가 진 바깥에 있는 회막에 도착했을 때 회막 문에 구름 기둥이 내리는 것을 보면 백성은 하나님이 임재하셨다는 증거로 알고, 이를 통하여 모세가 하나님이 세우신 중보자라고 믿었다. 제사장들이 제단에 제물을 올려놓고 제사를 집례할 때 불이 내려와서 제단 위 번제물과 기름을 사르면레 9:22-24 백성은 그것을 하나님이 성막에 임재하신 증거로 여기고 제사장들의 권위를 인정하였다. 장로들이 임직할 때 하나님의 영이 그들 위에 내리면 백성은 그것을 하나님이 임재하신 증거로 여기고 장로들의 권위가 하나님에게서 왔다고 믿었다. 이후 제사장들이 제사를 집례하고 장로들이 임직할 때 더는 눈에 보이는 증거가 나타나지 않아도 사람들은 하나님이 임재하신다고 여기고 이 제도들이 하나님이 세우신 제도라고 믿었다. 이러한 전통 아래 오늘날 목사가 안수를 받고 예배를 인도하며, 임직자들이 임직받는 일이 개인적인 사사로운 일이 아니라 하나님이 기름 부으신 일이라고 믿는다.

이와 같이 이스라엘 백성이 하나님의 임재를 경험하도록 세운 제도가 성막과 회막이며, 이를 통해 성막전승과 회막전승이 형성된다. 회막전승은 하나님과 백성 사이에 있는 모세의 중보자직에 기초하여 백성들이 하나님의 임재를 체험하게 하고, 세속적인 지도자의 임직을 위한 합법성을 제공한다. 성막전승은 진 안에 세워진 성막에서 제사장들의 합법적인 제사를 통해 하나님의 임재를 경험하는 제도로써, 모세가 시작하고 제사장들이 점차 그 권위를 이어받았다. 모세로부터 시작된 두 전승은 제사장을 통한 제사 제도의 확립과 세속적 지도자의 임직으로 이어지고, 성전의 건립과 함께 회막전승은 성막전승에 흡수된다. 이 장에서는 모세로부터 시작된 하나님의 임재의 통로가 된 회막전승과 성막전승에 대하여 살펴보겠다.

진 밖의 회막[2]

회막전승은 모세로부터 시작된다.

> 모세가 항상 장막을 취하여 진 밖에 쳐서 진과 멀리 떠나게 하고 회막이라 이름하니 여호와를 앙모하는 자는 다 진 바깥 회막으로 나아가며 모세가 회막으로 나아갈 때에는 백성이 다 일어나 자기 장막 문에 서서 모세가 회막에 들어가기까지 바라보며 모세가 회막에 들어갈 때에 구름 기둥이 내려 회막 문에 서며 여호와께서 모세와 말씀하시니 모든 백성이 회막 문에 구름 기둥이 서 있는 것을 보고 다 일어나 각기 장막 문에 서서 예배하며 사람이 자기의 친구와 이야기함 같이 여호와께서는 모세와 대면하여 말씀하시며 모세는 진으로 돌아오나 눈의 아들 젊은 수종자 여호수아는 회막을 떠나지 아니하니라 출 33:7-11

회막에서 백성들은 중보자인 모세를 통해 하나님의 임재를 간접적으로 경험한다. 모세는 회막전승의 원조로서 자기가 쓰던 장막tent을 진 바깥에 세우고 회막이라고 불렀다. 모세가 진을 떠나 회막에 들어갈 때 하나님이 임재하신다는 증거로 구름 기둥이 회막 문에 서 있었다. 여호와를 앙망하는 백성은 회막으로 나아간다. 언뜻 보면 백성이 회막에서 직접 하나님의 임재를 경험하는 것처럼 보이지만출 33:7, 회막은 백성들이 예배드리는 장소가 아니다. 회막에서는 오직 하나님과 모세의 만남이 나타난다. 백성은 모세의 중보자직에 기초해서 간접적으로 하나님을 대면한다. 모세가 회막에 들어갈 때 백성은 장막에서 일어나 모세를 바라보고 구름 기둥이 회막 문에 서 있는 것을 보고 하나님을 경배한다. 백성이 하나님을 경배하는 방법은 회막 문까지 나오는 것이 아니라, 자기 장막 문에 서서 회막 문에 임재하신 하나님을 바라보고 경배하는 것이다. 이때 회막 문에 도달한 모세는 중보자로서 백성보다 더 깊은 하나님의 임재를 체험한다. 이것은 다른 예언자들과는 달리 오직 모세만 누린 특별한 체험이다. 즉, 하나님은 마치 이웃과 서로 이야기를 나누듯이 특별하게 모세와 얼굴을 마주하고 대화하신다출 33:11. 회막전승에 나타난 모세의 중보자직은 예수 그리스도의 중보자직을 예표한다. 하나님의 아들이신 예수의 중보자직에 의지하여 우리가 하나님께 나아갈 수 있다. 예수를 통하여 우리가 하나님의 임재를 경험하고, 하나님을 경배한다.

출애굽기 33장에서 회막전승이 처음 등장한 것은 성막에서 하나님의 임재를 매개해야 할 제사장의 타락이라는 공동체의 위기와 관련이 있다. 모세가 십계명을 받으러 시내산에 올라가 있는 동안 모세의 부재를 견디지 못한 백성들이 아론을 앞세워서 우리를 위하여 우리를 인도할 신을 만들라고 요구하였다. 모세 다음으로 2인자였던 아론이 모든 백성으로부터 금고리를 모아서 여호와의 절기를 지킨다고 하면서 송아지 형상을 숭배하는 사이비 종교를 만들었다[출 32:1-6]. 하나님은 이것을 우상숭배로 규정하시고 이스라엘 백성을 진멸하기로 하였으나, 모세의 중보기도[출 32:32]로 이스라엘 백성은 진멸을 면했다. 하지만 하나님이 그 백성을 떠나실 위험이 여전히 남아 있었다[출 32:7-35]. 타락한 성막을 통하여 하나님의 임재를 경험하기 어렵게 되자, 하나님은 성막 대신 진 바깥에 있는 회막을 통하여 백성이 진 바깥에서 하나님의 임재를 경험하게 하신다[출 33:7-11]. 모세는 중보자로서 진 바깥으로 나가 회막 문에서 구름 기둥으로 내려오시는 하나님의 임재를 통하여 공동체의 회복을 가져온다.

회막과 세속적 지도자들의 임직

회막전승을 통해서 모세의 지도력이 확인된 후에, 회막은 세속적인 지도자들을 세우는 장소가 되었다. 민수기 11장은 모세의 지도력 위기에 대한 해법으로 칠십 장로를 지도자로 세우는 과정을 보여준다. 출애굽한 이스라엘 백성이 고기가 없다고 불평하면서 저마다 자기 장막 앞에서 우는 것을 듣고 모세는 깊은 우울증에 빠져 하나님께 탄식한다.

이 일은 저 혼자 할 수 있는 일이 아닙니다. 이 백성을 모두 안고 가는 일은 너무나 버거운 일입니다. 저를 이리 대하시려거든 차라리 저를 죽여주십시오. 저를 여기에서 벗어나게 해주십시오 민 11:15, 『메시지 성경』

모세가 지도자로서 지는 무거운 짐에 대하여 하나님은 해법을 제시한다.

여호와께서 모세에게 이르시되 이스라엘 노인 중에 네가 알기로 백성의 장로와 지도자가 될 만한 자 칠십 명을 모아 내게 데리고 와 회막에 이르러 거기서 너와 함께 서게 하라. 내가 강림하여 거기서 너와 말하고 네게 임한 영을 그들에게도 임하게 하리니 그들이 너와 함께 백성의 짐을 담당하고 너 혼자 담당하지 아니하리라 민 11:16-17

이 위기에 대한 하나님의 해법은 칠십 장로를 세워 함께 모세의 짐을 나누어지게 하는 것이었다. 칠십 장로를 세우는 장소는 진 안의 성막이 아니라 진 밖의 회막이다. 하나님은 회막에서 세속적인 지도자들에게 진 안의 성막에서 사역하는 제사장과는 차별화된 권위를 부여하신다.

모세가 칠십 장로들을 회막에 둘러 세울 때 칠십 장로들에게 영이 임하고 그들이 예언하게 되었다민 11:25. 영이 임한다는 것은 곧 하나님께서 장로들의 권위가 하나님으로부터 온 것임을 확증한다는 뜻이다. 또한 그 영이 모세에게 임한 영이라는 말은 민 11:17 이 영이 모세의 권위 아래 주어졌다는 말이다. 장로들은 임직 직후 영을 받은 증거로 황홀경 상태에서 예언을 하였다.[3] 백성들은 이 예언행위를 하나님이 장로의 임직을 인정하시는 증거로 삼았다. 장로들이 예언행위를 하다가 중단하였다고 해서민 11:25, 장로 자격에 흠이 있다는 것은 아니다. 장로들이 하는 예언은 직업적인 예언자의 예언이 아니라, 장로직을 하나님이 세우신다는 증거에 필요한 것이었기에 잠시 예언하는 것으로 충분한 것이다.

한편 여호수아는 장로들이 임직받는 공식적인 장소로 지정된 회막으로 나아가지 않고 진 안에 있던 엘닷과 메닷이라는 두 장로들이 예언하는 것을 보고, 모세에게 그들이 예언하는 것을 금해야 한다고 청한다. 여호수아의 요청은 아직 제사장 제도가 확립되지 않은 그때에 진 안의 성막을 주관하는 제사장들과 진 바깥의 회막을 주관하는 세속적 지도자 간에 긴장이 있음을 알게 한다. 여호수아의 요청은 하나님의 영이 임하는 것을 회막에만 제한해야 한다는 것이다. 그런데 모세는 진 안에서 영을 받는 것을 금하지 않는다. 하나님의 임재를 상징하는 영은 회막과 성막을 차별하지 않는다. 성막에서 제사장에게 임하는 영이나 회막에서 장로들에게 임하는 영이 모두 하나님으로부터 오는 것이기에 금할 수 없다. 오히려 모세는 여호와께서 당신의 영을 장로들에게만이 아니라 모든 백성에게 주셔서, 모두가 다 하나님의 영을 받은 예언자가 되기를 원한다민 11:29. 하나님은 차별이 없이 누구에게나 하나님의 영을 부어주기를 원하신다. 요엘 예언자는 하나님께서 영을 만민에게 부어준다고 예언했고욜 2:28, 이 예언은 오순절 성령강림을 통하여 이방인을 포함한 모든 사람에게 성령이 임하므로 실현되었다행 2:4.

세속적 지도자와 관련된 회막전승의 이러한 특성은 민수기 12장에서도 이어진다. 모세의 지도력에 대한 미리암과 아론의 저항이 새로운 위기를 초래한다. 아론과 미리암은 "여호와께서 모세와만 말씀하셨느냐? 우리와도 말씀하지 아니하셨느냐?"민 12:2라고 불평하면서 모세에게 부여된 최고 권위에 저항한다. 하나님은 권위와 관련된 이 일을 해결하기 위하여 모세, 아론, 미리암을 진 바깥 회막으로 부르신다. 회막전승에 따라 여호와께서 구름 기둥 가운데서 강림하사 장막 문에 서셔서민 12:4-5, 모세의 권위가 일반 예언자들과 다르다는 것을 보여주신다. 하나님이 예언자들에게는 환상과 꿈을 통하여 은밀하게 말씀하시는 반면, 모세에게는 얼굴을 맞대고 명백하게 말씀하시고 여호와의 형상을 보게 하신다민 12:8. 모세는 하나님의 말씀을 맡은 여러 예언자 중의 하나가 아니라, 하나님과 백성 사이에 중보자로서 하나님과 특별한 관계를 맺는 존재이다. 회막전승에서 강조하는 모세의 중보자직은 바로 예수 그리스도의 중보자직을 예표하고 있다. 예수는 모세보다 더 높은 자리에 계시는 분으로서 우리들을 하나님께로 인도하고, 하나님께 기도하는 중보자 역할을 하시는 분이시다히 3:1-6.

회막전승에 대한 마지막 진술은 여호수아가 모세를 대신하여 후계자가 되는 과정에 나타난다[신 31:14-15]. 모세는 죽을 기한이 가까웠을 때 후계자를 위하여 하나님께 기도한다. 그는 새로운 지도자가 백성들 앞에 출입하면서 그들을 인도하고 여호와의 회중이 목자 없는 양같이 되지 않기를 기도하였다[민 27:17; 막 6:34]. 하나님이 "그 안에 영이 머무는 자"[민 27:18]인 여호수아를 후계자로 정하신다. 여호수아의 임직은 회막전승의 형식대로 진행된다. 모세와 여호수아가 회막에 섰을 때 여호와가 구름 기둥 가운데 회막문에 나타나신다. 모세가 여호수아에게 안수했을 때 그에게 지혜의 영이 충만하였다[신 34:9]. 안수 후에 모세는 여호수아에게 맡겨진 사명을 전달한다. 여호수아의 사명은 이스라엘 자손을 인도하여 하나님께서 약속하신 땅으로 들어가는 것이다[신 31:23].[4] 모세가 여호수아에게 안수할 때 지도자 모세의 권위가 여호수아에게 이양되고, 모세에게 임하셨던 영이 여호수아에게 임하심으로써 세속적 지도력의 이양이 마무리된다.

진 안의 성막

회막전승과는 달리 성막전승은 진 안에 있는 성막[또는 성전]에서 합법적인 제사장이 제사를 집례할 때 공동체가 하나님의 임재를 체험하는 제도이다. 신약으로 말하면 합법적으로 안수받은 목사가 예배를 인도하고 말씀을 전할 때 공동체가 하나님의 임재를 경험하는 것과 마찬가지이다. 모세는 하나님이 자기에게 보여주신 천상의 성막을 따라 지상의 성막을 만들어 하나님이 지상에 거하실 처소를 준비했다출 25:9, 40. 성막미슈칸이라는 말은 "거하다"는 뜻을 가진 히브리어 동사샤칸, 케노우에서 온 것으로, 하늘에 계신 하나님이 우리 가운데 거하시는 장소라는 뜻이다. 하늘에 계신 하나님이 성막을 통해 그 백성 가운데 거하시는 것은 "말씀이 육신이 되어 우리 가운데 거하시매"요 1:14라는 예수의 성육신incarnation에서 절정에 이른다.

이스라엘 백성의 삶 속에서 성막은 하늘에 계신 하나님의 임재를 체험하는 공간이다. 그들은 일상을 살면서 하나님의 임재를 갈망한다. "내 영혼이 여호와의 궁정을 사모하여 쇠약함이여 내 마음과 육체가 살아 계시는 하나님께 부르짖나이다"시 84:2. 그들은 일 년에 세 번씩 하나님이 계시는 성막을 순례하면서 하나님의 임재를 체험한다. 그들은 성막에 나타나시는 하나님을 체험하면서 눈물 골짜기시 84:6 같은 삶의 위기를 극복하고 회복의 힘을 얻는다. 이스라엘 백성은 성막에 올라가지 않는 동안에는 일상의 삶 속에서 그들이 만날 하나님의 임재를 기대하고, 성막에서 일상으로 돌아온 다음에는 그들이 체험한 하나님의 임재를 묵상하면서, 늘 하나님의 임재와 더불어 살아간다. 성막에는 거룩의 근원이신 하나님이 거하시기 때문에, 백성이 하나님의 거룩을 체험하고 삶의 동력을 받아 거룩의 여정을 걸어갈 수 있다.

성막의 모든 공간이 거룩하지만, 공간마다 거룩의 등급이 다르다. 하나님이 계시는 지성소가 가장 거룩하며, 다음은 성소가 거룩하고, 마지막으로 안쪽 뜰이 거룩하다. 지성소는 인간의 눈에 보이지 않지만, 우주를 통치하시는 하나님의 임재를 상징한다. 성소는 눈에 보이는 하늘과 하늘의 빛들을 상징한다. 안쪽 뜰은 하나님의 백성인 이스라엘 백성이 들어갈 수 있는 곳이다.[5] 지성소에서 시작된 하나님의 거룩이 단계적으로 성소와 안쪽 뜰로 흘러간다. 이로써 삼중 구조의 성막은 하나님의 임재로 가득 차게 된다. 이제 성막의 삼중 구조, 즉 안쪽 뜰, 성소, 지성소를 순서대로 살펴보면서 성막이 신앙인들의 거룩한 삶을 위하여 어떤 도움이 되는지 알아보자.[6]

안쪽 뜰

성막은 울타리를 통해 안과 바깥으로 구분된다. 성막 바깥에 있는 이스라엘 백성은 성막 문을 통해 안쪽 뜰로 들어올 수 있다. 안쪽 뜰에는 번제단출 27:1-8과 물두멍출 30:17-21이 있다. 번제단은 백성들의 죄를 대신하여 점 없고 흠 없는 제물을 불태워 죄 사함을 받는 곳이다레 17:11; 히 9:22. 번제물의 머리에 안수하면 제사드리는 자의 죄가 제물에게 전가된다레 1:4. 제사장은 송아지의 피를 네 손가락으로 단에서 가장 거룩한 제단의 네 귀퉁이에 있는 뿔에 바르고, 그 피 전부를 제단 밑에 쏟는다[출 29:12; 레 4:18]. 물두멍은 제사장이 거룩한 성막에 들어갈 때마다 거룩한 직무를 준비하기 위해 손과 발을 씻는 데 사용한다. 물로 씻는 예식은 하나님의 백성에게 정결례를 상징하며 기독교의 세례 의식으로 발전했다.

대제사장은 매년 자기 백성의 허물을 위하여 염소와 송아지의 피로 지성소에 들어가 속죄를 이루었지만, 예수 그리스도는 자기의 피로 영원한 속죄를 이루어 단번에 성소에 들어가셨다[히 9:12]. 그리스도의 일회적인 희생이 동물의 반복적인 피 흘림을 대신한 것이다. 죄 없는 순결한 양은 세상 죄를 지고 가는 예수 그리스도를 상징한다[요 1:29; 계 13:8]. 예수는 우리를 위하여 십자가에서 돌아가신 분으로[사 53:3-6; 롬 4:25], 제단에 향기로운 제물과 희생제물로 바쳐졌다[엡 5:2]. 이제 그리스도인들은 예수의 피를 힘입어 성소에 들어갈 담력을 얻는다[히 10:19]. 우리의 죄가 아무리 크다 할지라도 그리스도의 피를 통하여 하나님이 계시는 지극히 거룩한 곳으로 나아갈 수 있다.

신앙인들이 구원을 받은 이후 시작된 거룩의 여정에서 하나님의 임재를 막는 장애물인 죄를 처리하는 일은 계속 필요하다. 제사를 통한 동물의 피 흘림이나 십자가에서 흘린 예수의 피는 모두 인간의 죄로 인한 부정을 처리하고 정결한 상태가 되게 함으로써 하나님 앞으로 나아가게 한다. 이 일은 구원받을 때 한 번으로 끝나지 않고 계속된다. 예수의 피는 구원받은 이후에도 우리 안에 남은 더럽고 추한 허물과 죄를 처리하고[요일 1:7] 우리의 성품을 변화시킴으로써 거룩의 여정을 가능하게 만든다.

성소

안쪽 뜰에서 하나님의 임재를 막는 장애물인 죄를 해결한 사람들이 성소에 이르렀을 때, 등잔대, 진설병 상, 분향단은 하나님의 백성이 하나님의 임재 안으로 더 깊이 나아가도록 도움을 준다. 등잔대로 번역된 히브리어 단어 "메노라"의 어원은 등 또는 등불이라는 뜻이다. 등잔대는 등잔을 올려놓는 받침대로 등잔에 불을 밝혀 어두운 성소를 밝히는 역할을 한다[출 25:37].

등잔대의 불은 하나님의 영원하신 임재를 상징한다. 회막 안, 증거궤 앞, 휘장 밖에서 저녁부터 아침까지 항상 등불을 켜 두어야 한다[출 27:21]. 등불은 저녁에 켜고 아침에 끄되[출 30:7-8], 밤새 꺼지지 않도록 제사장이 살펴야 한다. 밤새 꺼지지 않는 등불은 이스라엘을 보호하시는 하나님의 임재를 상징한다[시 121:4]. 칠흑같이 어두웠던 엘리 제사장 시대에 이스라엘의 마지막 소망은 꺼지지 않는 하나님의 등불이었다[삼상 3:3]. 신구약 중간사 시대에 마카비 혁명에 성공한 유대인들은 팔일 동안 꺼지지 않는 메노라 불을 통해 이스라엘을 지키시는 하나님의 임재를 확인했다[마카베오상 4:50; 마카베오하 1:8]. 등잔대의 불을 켜기 위해 감람으로 짠 순수한 기름을 가져와야 한다출 27:20. 등불을 켜는 감람유는 하나님의 임재를 매개하는 성령을 뜻하는데, 하나님의 임재를 위해 반드시 필요하다. 등잔대의 불은 세상의 소망이다. 스가랴는 메노라 옆에 있는 두 감람나무 환상을 통해 소망을 가졌다슥 4:1-10. 사도 요한은 예수께서 일곱 교회를 상징하는 일곱 촛대 사이를 거니시는 것을 목격한다계 1:12, 20. 일곱 등잔대는 일곱 교회로서 세상의 빛이 되는 사명을 지닌다마 5:14, 16. 등잔대는 교회가 성령의 능력으로 하나님의 임재를 경험하고 세상을 밝히는 빛의 역할을 감당해야 함을 보여준다.

진설병면전의 떡, 레헴 파님은 "하나님 임재의 떡"이라는 뜻으로, "상 위에 진설병을 두어 항상 내 앞에 있게 하라"출 25:30는 하나님의 명령에 근거해서 붙인 이름이다. 제사장이 이스라엘 자손을 위해 하나님 앞에 배설하는 이 떡은 하나님이 드시는 것이 아니라 거룩한 곳에서 제사장들이 먹는다. 이것은 하나님이 인간을 위해 준비하신 떡을 상징한다레 24:9. 진설병 상에 준비된 떡은 신약에서 생명의 떡이신 예수 그리스도를 상기시킨다요 6:35.

분향단금 향단, 금 향로은 성소에서 향을 피우는 것으로 "속죄소 맞은 편, 곧 증거궤 앞에 있는 휘장 밖에" 둔다출 30:6. 분향단이 지극히 거룩한 것으로 여겨지는 이유는, 분향단이 성소에 있으면서도 지성소에서 사용되기 때문이다레 16:11-14. 일 년에 한 번의 대속죄일7월 10일이 되면 대제사장은 금 향로를 들고 지성소 안으로 들어간다. 향 연기가 올라가는 것은 백성의 기도가 하나님께

상달되는 것으로 이해되었다[계 8:3].

지성소

지성소는 하나님만이 계시는 가장 거룩한 공간이다. 천상의 보좌에 앉아 계시는 하나님이 동시에 지성소에 있는 지상의 보좌에 앉아 계신다. 그러므로 지성소는 천상 보좌가 지상으로 확장된 공간이며, 지상에서 하늘과 연결되는 문이다. 성소에서 지성소에 이르기 위해서는 휘장을 지나야 한다. 인간과 전적으로 다른 하나님은 휘장을 통해 자신을 인간으로부터 분리하고 구별하셨다. 그래서 인간은 오직 대제사장의 제사를 통해 간접적으로 하나님을 대면할 수 있다. 신약에서 우리는 예수님을 통해 이 휘장이 찢어지고 지성소와 성소가 하나가 되어 인간이 직접 하나님을 만날 수 있는 길이 열리게 되었음을 알게 된다[막 15:38]. 예수께서 직접 산 제사가 되심으로 인간이 지성소에 들어갈 소망이 생겼다.

지성소 안에는 그룹으로 둘러싸인 속죄소와 언약궤가 있다. 속죄소와 언약궤는 하나님의 임재를 나타내는 두 가지 상징이다. 그룹으로 둘러싸인 속죄소는 여호와의 보좌를 가리키면서 초월적인 하나님의 임재를 상징하고, 언약궤는 돌판을 통해 말씀하시는 내재적인 하나님의 임재를 상징한다. 언약궤 안에는 만나를 담은 금항아리, 아론의 싹 난 지팡이, 언약의 두 돌판이 있다. 모두 이스라엘 백성이 광야에 머물 때 하나님이 임재하신 사건들을 기억나게 하는 내용물들이다. 만나는 하늘에서 내린 양식을 먹고 사는 이스라엘 백성이 하나님께 의존하는 존재로서 날마다 하늘로부터 오는 은혜로 살아가고 있음을 가르친다. 아론의 싹 난 지팡이는 예수의 부활을 예표하며, 아론의 지도력에 저항했던 무리 앞에서 아론의 지도력을 확인시켜 준 증거로써 하나님이 세우신 지도력에 대한 순종을 강조한다. 두 돌판은 모세를 통해 이스라엘 백성이 받은 계명, 곧 이 땅에서 하나님의 백성으로 하나님을 최고로 여기는 삶을 살기 위해 지켜야 할 계명을 담고 있다. 이처럼 역사적 기억이 담긴 내용물들이 지성소에 있다는 사실은, 초월하신 하나님에 대한 체험과 더불어 하나님의 임재를 체험한 이스라엘 백성들이 일상을 치열하게 살아가면서 기억해야 할 신앙 내용을 보여준다. 요컨대, 지성소는 하나님의 성전에서 천사들이 둘러 지키는 가운데 하나님의 보이지 않는 하늘의 임재를 상징한다.

모세의 지성소 체험은 땅의 성전에서 하늘 성전에 계신 하나님을 경험하는 것이다. 그렇다면 모세는 지성소의 어디에서 하나님의 임재를 경험했을까? 이스라엘 역사에서 광야를 여행하는 백성들이 언약궤가 떠날 때와 쉴 때 하나님이 언약궤와 함께 이동하신다고 생각할 때가 있었다[민 10:33-36]. 그러나 언약궤가 성막 안에 들어온 이후 언약궤는 하나님의 임재 자체보다는 하나님의 발등상 역할을 한다. 언약궤의 덮개 역할을 하는 속죄소는 서로 마주 보는 두 그룹에 둘러싸여 있다. 그룹들의 날개는 언약궤 위에서 하나님의 보이지 않는 보좌를 떠받들고 있다. 하나님이 그룹 위에 앉아 계시기 때문에 언약궤는 하나님의 발판을 상징하고, 속죄소는 보좌를 떠받들어 보좌에 앉으신 하나님의 임재를 상징한다.

두 그룹 사이는 하나님을 만나는 장소이다[출 25:22; 30:6; 민 7:89; 레 16:2]. 그룹은 여러 짐승의 합성으로 왕과 신들의 보좌를 지키는 역할을 한다. 그룹들은 모두 천상의 성전에서 하나님의 보좌를 에워싸고 지키는 천사와 같은 존재들이다[창 3:22-24; 사 6:1-3; 계 4:6-11]. 그런데 하나님께서 두 그룹 사이에 앉으셨다는 표현은 모세 오경만 아니라 역사서와 시편과 예언서에서 계속 나타난다.[7] 솔로몬의 지성소에서 발견되는 그룹들은[왕상 6:23-28; 8:6-7] 제사장 전승에서 하나님을 위한 보좌를 의미한다. 성막의 속죄소에 있던 두 그룹은 솔로몬 성전의 지성소에 있는 두 그룹과 짝을 이룬다. 성막에서 그룹들은 속죄소를 덮고[출 25:20; 37:9], 솔로몬의 성전에서 그룹들은 증거궤와 채를 덮는다[왕상 8:7]. 모세 오경 이외의 문헌에서 "그룹 사이에 앉으신다"는 표현도 나타나고, 예언서에서는 하나님의 임재를 가리키는 "보좌에 앉으신다"는 표현이 나타난다. 그룹들은 보좌 환상 이야기에서 보좌를 의미한다[왕상 22장; 사 6장; 겔 1-3장].

하나님의 임재 통로

회막전승과 성막전승은 모두 모세로부터 시작되고 하나님의 임재를 경험하게 한다는 면에서 유사하지만, 두 전승은 서로 다른 세계관을 가지고 있다. 회막전승은 모세가 하나님과 백성 사이의 중보자라는 인식에 기초하여 하나님의 임재를 경험하는 제도이다. 모세가 회막 문에 임하신 하나님과 대화하며 깊은 교제에 들어갈 때, 백성들은 하나님을 경배하면서 하나님의 임재를 경험하게 된다. 모세는 예수 그리스도를 예표한다. 예수께서는 하나님과 우리 사이에 중보자로서 우리가 하나님의 임재를 경험하도록 도우신다.

회막전승은 공동체의 지도자였던 모세의 뒤를 잇는 지도자의 임직과 관련이 있다. 하나님은 여호수아와 장로 임직 때에 모세에게 부여한 영을 허락하심으로 직책의 권위를 세우신다. 목사 안수나, 장로, 안수집사의 안수 경우에도 눈에 보이지 않지만 임직식을 통하여 임직자의 권위가 하나님에 의하여 부여되는 것이다. 회막전승은 또한 제도권이 부정과 부패로 인하여 길을 찾지 못할 때, 제도권 바깥에서 예수의 중보자직에 기초하여 개혁의 깃발을 높일 수 있도록 돕는다. 따라서 제도권 교회는, 제도권 바깥에 있지만 강력한 하나님의 임재를 보여주는 단체들과의 협력을 통해 교회의 자정 능력을 강화해야 한다.

개신교회를 위하여 성막전승이 중요한 이유는 성막이 단지 예수 그리스도를 통한 구원만이 아니라, 구원 이후에 계속되는 거룩의 여정을 위해서 필요하기 때문이다. 성막전승은 이스라엘 백성들이 성막을 통하여 하나님의 임재를 지속적으로 경험함으로 거룩의 여정을 걸어갈 수 있도록 돕는 제도이다. 성막 안에 있는 성물들의 영적인 의미를 묵상하는 것은 거룩의 여정에 큰 도움을 준다. 제단에서 드리는 제사는 예수의 피를 상징하면서 일상에서 행하는 죄와 허물을 사하고 정결한 삶을 살도록 돕는다. 진설병은 말씀을 통해 거룩하신 하나님의 임재를 경험하게 돕는다. 기도를 의미하는 분향단의 향을 통해서 성도는 하나님과 관계를 계속 유지한다. 가장 거룩한 공간인 지성소에 있는 언약궤와 그룹으로 둘러싸인 보좌는 하나님의 내재성과 초월성을 보여준다. 보좌 앞에서 초월하시는 거룩하신 하나님의 임재를 경험하고, 언약궤 안에 있는 계명에 대한 순종을 통해 신앙인들은 균형 있는 신앙을 유지할 수 있다.

지금까지 모세로부터 시작된 회막과 성막이라는 제도를 통하여 이스라엘 백성이 어떻게 하나님의 임재를 경험하였는지를 살폈다.

다음 장에서는 최고의 신앙 체험으로 알려진 모세의 지성소 체험이 어떻게 예언자들을 통하여 보좌 환상으로 바뀌어 이스라엘의 거룩 전승을 형성하였는지를 살펴볼 것이다.

이해를 돕는 질문들 ...

1. 이스라엘 백성들은 회막을 통하여 어떻게 하나님의 임재를 경험하였는가?

2. 장로나 지도자를 임직할 때 회막의 역할은 무엇인가?

3. 성막의 성소와 지성소에 있는 성물들을 나열하고 그 의미를 생각해보자.

4. "성막전승은 예수 그리스도를 통한 구원만이 아니라, 구원 이후에 계속되는 거룩의 여정을 위해서 필요하다."라는 말은 어떤 뜻인지 생각해보자.

6장

예언자들의 보좌 환상

거룩하다 거룩하다 거룩하다 만군의 여호와여 그의 영광이 온 땅에 충만하도다

이사야 6:3

모세가 경험한 지성소 체험은 예언자들에 의하여 보좌 환상으로 발전한다. 보좌 환상이란 환상vision 가운데 하늘 성전 보좌에 계신 하나님을 만나는 경험이다.[1] 하나님은 하늘에 계시는데 어떻게 땅에서 하나님의 임재를 경험할 수 있을까? 하늘과 땅은 분리되어 있지만, 하늘과 연결된 땅의 성막이나 성전에서 거룩하신 하나님을 경험할 수 있는 것이다. 이러한 거룩 체험은 단순한 문학적인 장치가 아니라 예언자들의 실제 경험이다. 보좌 환상은 지상의 성전이 하늘과 땅이 만나는 곳임을 전제하고, 지상의 성전을 통해서 하늘 성전 보좌에 앉으신 하나님을 만나는 신비 체험이다.[2]

보좌 환상에는 심판 장면, 배경, 그리고 거룩 체험이 다음과 같이 공통적으로 나타난다.

1. 심판 장면: 보좌 환상의 목표가 심판 선포이기에 하나님의 심판 장면이 등장하며, 심판이 확실함을 보여주기 위하여 보좌 환상이 나타난다.

2. 배경: 보좌 환상의 배경에는 하늘의 보좌에 앉아 계시는 여호와와 그 주변에 서 있는 천사들이 나타나는데, 천사들은 그룹, 스랍 또는 생물들로 불린다.

3. 거룩 체험: 보좌 환상은 간접적으로 거룩 체험을 동반한다. 보좌 환상을 목격하는 사람들은 주관적인 참여자와 객관적인 관찰자로 구분된다. 주관적인 참여자란 하늘 보좌에 앉으신 하나님을 직접 대면하며 거룩을 체험하는 경우를 말하고, 객관적인 관찰자란 보좌 환상을 객관적으로 관찰하기만 하고 직접 참여하지는 않는 경우를 가리킨다.

미가야

내가 보니 여호와께서 그의 보좌에 앉으셨고
하늘의 만군이 그의 좌우편에 모시고 서 있는데 왕상 22:19

미가야는 보좌 환상을 통해 하늘 보좌에 앉으신 하나님을 만난 경험을 전해주는데, 그가 경험한 보좌 환상 체험을 세 가지 관점에서 살펴보기로 하자.

첫째, 미가야가 본 보좌 환상에서 하나님은 심판자로서 보좌에 앉아 아합왕의 심판을 선언하신다. 본문에서 이스라엘의 아합왕은 아람과 전쟁을 앞두고 전쟁의 결과를 알고 싶어서 예언자들에게 예언을 요청했다. 사백여 명의 예언자들은 아합이 승리할 것이라고 예언했다왕상 22:12. 미가야를 부르러 간 사신은 미가야에게 다른 예언자들처럼 왕의 승리를 예언해 달라고 요청했다. 그러나 미가야는 다른 예언자들과 달리 왕의 패배와 죽음을 예언했다. 미가야는 왕과 거짓 예언자들 앞에서 자신의 예언이 옳다는 것을 보여주기 위해 보좌 환상을 제시한다.

둘째, 미가야가 본 보좌 환상의 배경에는 하늘 보좌에 앉아 계신 여호와와 보좌 좌우에 둘러 서 있는 하늘의 만군천사들이 나타난다. 아합이 전쟁에 출정하는 것을 보시고 여호와께서는 아합을 길르앗 라못에서 죽게 할 것을 결정하신다. 그리고 천사들을 천상회의에 소집하여 어떻게 그를 죽게 할 것인지 의견을 구하신다. 그때 한 영이 대답한다. 자신이 거짓 영이 되어 모든 예언자의 입에 들어가 아합왕을 속여 그가 이 전쟁에서 승리하리라는 예언을 듣고 왕이 전쟁에 참여하도록 하겠다는 것이다. 이것이 사실이라면 아합왕의 승리를 예언한 자들이 모두 거짓 영에 이끌려 거짓말을 했다는 것을 의미한다. 결론적으로 미가야는 아합왕이 승리할 것이라는 예언자들의 예언은 거짓되고, 아합왕이 죽을 것이라는 자신의 예언이 옳다고 주장한다.

셋째, 미가야가 경험한 보좌 환상에서 미가야 자신의 거룩 체험은 묘사되지 않는다. 이 보좌 환상에서 지상 성전은 나타나지 않고, 미가야가 하늘 보좌에서 일어난 일을 목격한 장소는 전쟁터다. 그는 전쟁터에서 환상을 통하여 하늘 보좌에 앉아 계신 하나님의 보좌를 경험한다. 그는 하늘 보좌로부터 분리되어 있었기 때문에, 하늘 보좌에 계신 하나님을 직접 대면하지는 못했고 거룩을 체험했다는 언급도 없다. 단지 거짓 예언자와의 대결에서 자신의 예언이 옳다는 것을 증명하기 위해 보좌 환상을 보여줄 뿐이었다.

이사야

주께서 높이 들린 보좌에 앉으셨는데 사 6:1

이사야는 땅의 성전에서 하늘 성전 보좌에 앉아 계시는 거룩하신 하나님을 경험한다. 이사야의 보좌 환상 체험을 보좌 환상의 세 가지 요소와 관련해서 살펴보자.[3]

첫째, 이사야의 보좌 환상은 유다의 심판을 배경으로 한다. 여호와는 이미 유다의 심판을 결정하였다사 5:25-30. 그리고 이스라엘 백성에게 유다의 심판을 전할 사람을 부르신다사 6:8. 사명자가 할 일은 멸망을 선포하는 것이다. 사명자는 백성들이 심판 선포를 듣고도 회개하지 않을 것을 알아야 한다사 6:9-10. 심판은 철저하게 이루어질 것이다. 성읍들이 황폐하고, 주민이 없으며, 가옥들에 사람이 없고, 토지가 황폐하게 될 것이다사 6:11. 그들에게 희망이 있다면 그것은 심판이 철저하게 이루어진 황폐한 땅이 이백 년 뒤에 회복될 것을 상징하는 그루터기에 관한 예언뿐이다사 6:13. 이처럼 이사야 6장에서 유다를 향한 심판 예언이 성취될 것을 보여주기 위하여 보좌 환상이 등장한다.

둘째, 이사야 6장은 구약에서 보좌 환상의 특징들을 이상적으로 보여준다. 여호와의 보좌 위에 앉으신 하나님과 하나님을 보위하는 스랍이 등장한다. 이사야는 땅의 성전과 하늘 성전이 일치한다는 제사장 문헌의 사상을 따라,[4] 땅의 성전에서 하늘 성전에 계신 여호와의 임재를 경험한다. 이사야는 성전 문에서 환상을 통하여 하늘 성전에서 일어나는 일을 목격한다.[5] 왕 되신 여호와의 "높이 들린" 보좌와 옷자락사 6:1은 하늘 성전이 하나님의 임재로 충만하다는 것을 보여준다. 스랍들은 하나님 위에『새번역』 "그분 위로는", 2절 서 있거나 보좌 위를 날아다니는 천사들로서사 6:2[6] 땅의 성전에서 제사장들이 하는 일을 담당한다.[7] 스랍들이 두 개의 날개로는 자기 얼굴을 가리고, 두 개의 날개로는 발을 가리고, 나머지 두 개의 날개로는 날아다닌다. 날아다니는 것은 날개의 기본적인 역할이며, 얼굴을 가리고 발을 가리는 행위는 피조물로서 감히 하나님의 얼굴을 마주 보지 못하기 때문이다. 이러한 행동은 하나님의 거룩하심에 대한 경외감을 표현한다.

하늘 성전에서 스랍들이 하는 가장 중요한 일은 하나님의 거룩하심을 찬양하는 것이다. "거룩하다 거룩하다 거룩하다 만군의 여호와여. 그의 영광이 온 땅에 충만하도다"사 6:3. 거룩하다고 세 번 말하는 것은 거룩함의 최상급 표현으로 하나님이 하늘에서 더없이 거룩하신 존재라고 선포하는 것이다. 이 하나님의 거룩함은 하늘에 머물지 않고 하늘 성전에서 땅의 성전으로 그리고 다시 성전 바깥으로 전달됨으로 온 땅이 하나님의 거룩함으로 충만해진다. 하나님의 거룩하심은 땅의 성전에서 이사야가 목격할만한 실제 현실이 된다사 6:4. 스랍들이 서로 영광송을 화답

하자 그 소리로 인하여 문지방의 터가 요동하고 성전에 연기가 가득해지면서 여호와의 충만한 임재를 실제로 경험한다. 이것은 이스라엘 백성이 성막에서 경험했던 하나님의 임재와 같은 것이다[출 24:15-18; 40:34-35].

셋째, 이사야는 보좌 환상을 통하여 거룩하신 하나님을 직접 체험한다. 이 과정은 부정함의 고백으로부터 시작하여 소명에 대한 응답에까지 이른다. 먼저 이사야는 하나님의 거룩하심을 체험한 직후 자신이 죄인임을 자각한다.

> 나는 부르짖었다. "재앙이 나에게 닥치겠구나! 이제 나는 죽게 되었구나! 나는 입술이 부정한 사람인데, 입술이 부정한 백성 가운데 살고 있으면서, 왕이신 만군의 주님을 만나 뵙다니!" 사 6:5, 『새번역』

이사야가 자기 입술이 부정하다고 말하는 것은 입술만의 부정이 아니라 전인적인 부정을 뜻한다. 예언자는 백성의 죄를 비판하고 회개를 외치기 전 자신의 죄를 고백하고 회개하는 일을 먼저 해야 한다. 부정한 사람으로서 하나님 앞에 섰을 때 이사야는 죄인이라는 자기 인식에 도달하고 절망적인 심정으로 고백한다. "재앙이 나에게 닥치겠구나! 이제 나는 죽게 되었구나!" 라는 고백은 하나님을 보면 죽는다는 전통적인 인식을 전제하고 있다[창 32:30; 출 33:20]. 거룩으로 나아가는 다음 단계는 죄를 처리하는 것인데, 제단에서 핀 숯이 그 역할을 한다. 한 스랍이 나타나서 "제단에서 타고 있는 숯 하나를 부집게로 집어 들더니, 그 숯을 이사야의 입에 댐으로" 죄를 정결하게 한다[사 6:6-7]. 이어서 스랍은 제사장처럼 죄가 사해졌다고 선언한다. "이 숯이 네 입술에 닿았으니 네 죄과가 사라지고 네 죄가 씻겨졌다"[『메시지 성경』, 사 6:7]. 이것은 이사야가 제사를 통해 죄를 씻고 정화되고 하나님을 대면할 준비가 되었음을 의미한다. 그가 느낀 죄는 실제적인 죄와 함께 전적 타자이신 하나님 앞에 피조물로서 느끼는 죄를 모두 포함한다. 거룩하신 하나님을 체험한 후에, 이사야는 하나님의 부르심에 응답한다. "내가 여기 있나이다 나를 보내소서"[사 6:8]. 하나님은 죄인인 백성 가운데 있는 죄인인 이사야를 불러 하나님의 임재를 체험하여 모든 죄로부터 정결하게 하시며, 다시 그 백성에게 돌아가 하나님의 말씀을 전하는 예언자의 사명을 수행하게 하신다.

이사야는 하늘 성전에 계신 하나님의 거룩하심을 체험한 후에 자신에게 맡겨진 시대적인 소명으로 나아간다. 사역자를 사역자답게 하는 힘은 무엇인가? 겉모습과 스펙만으로는 사역을 감당할 수 없다. 하나님에게서 오는 거룩 체험이야말로 사명을 수행할 힘을 제공할 수 있다. 사역자의 목표는 사람을 바꾸고 회개시키는 것이 아니라, 오직 하나님의 말씀을 담대히 전하여 말씀으로 역사를 이루게 하는 것이다. 사람의 눈치를 보고 결과를 예측하면서 시대에 타협하는 것은 바른 소명자의 자세가 아니다. 결과에 상관없이 예언자의 사명은 하나님의 말씀을 전하는 것이다. 의인 열 명이 없다고 해서 말씀 전하기를 포기해서는 안 된다. 회개를 원하지 않는 강퍅한 백성에게도 말씀 전하는 것을 중단해서는 안 된다. 그들이 지금 돌아오지 않는다고 할지라도 이백 년 후 찾아올 그루터기에 대한 희망을 간직하고 이사야는 하나님의 말씀을 담대하게 전함으로 사명을 수행한다.

에스겔

> 둥근 궁창 위에는 보좌처럼 보이는 것이 있었는데, 청보석 같은 청옥빛이었고, 그 보좌 위로 사람처럼 보이는 형상이 우뚝 솟아 있었다 겔 1:26, 『메시지 성경』

에스겔이 경험한 보좌 환상은 열왕기상 22장과 이사야 6장과 연속적이면서도 차이점이 있다. 차이점은 구약성경에서 처음으로 보좌 위에 있는 하나님의 모습이 인간 형상으로 나타나고, 보좌에 바퀴가 추가되며, 천사의 모습이 네 생물로 나타난다는 것이다.[8]

첫째, 에스겔의 보좌 환상은 기원전 587년 유다와 이스라엘을 향한 심판을 예언하는 맥락에서 등장한다. 이미 기원전 597년 바벨론의 1차 함락을 경험한 포로 세대들이 예루살렘은 절대로 멸망되지 않을 것이라는 낙관적인 착각에 빠져 회복을 기다리고 있을 때, 에스겔은 유다와 이스라엘을 향한 하나님의 심판을 예언한다. 이 심판 예언이 반드시 이루어질 것을 확증하기 위하여 보좌 환상이 나타난다.

둘째, 에스겔 1장에서 나타나는 보좌 환상을 살펴보기로 하자. 하나님께서 수레 보좌를 타고 이동하며 폭풍과 큰 구름 가운데[욥 38:1; 40:6] 번쩍번쩍하는 빛이 사방에 비친다[출 19:16-18]. 또한 궁창을 중심으로 궁창 위에 있는 여호와의 보좌[겔 1:26-28]와 궁창 아래 있는 네 생물[겔 1:4-14][9]로 나누인다. 궁창 아래 천사에 해당 되는 네 생물은 사람의 얼굴, 사자의 얼굴, 소의 얼굴, 독수리의 얼굴을 하고 있다[겔 1:10]. 네 생물은 에스겔 10장에서는 그룹으로 불리는데 바퀴로 움직이면서 보좌를 떠받치고 있다. 각각의 생물들은 날개를 둘씩 옆으로 들어 펴서 옆의 두 생물의 날개에 닿음으로 날개 넷이 한데 어울러 사각형을 이룬다. 얼굴은 넷이 있어 사방으로 움직이는데, 이때 방향은 하나님의 영이 정한다. 네 생물들은 이사야서에서 나오는 스랍들처럼 하나님을 찬양한다[겔 3:12]. 궁창 위에 있는 여호와의 보좌는 남보석[sapphire, 청옥]으로 만들어졌다고 말한다. 이는 출애굽기에서 나오는 하나님의 발아래에 편 청옥과 같다[출 24:10]. 그 보좌 위에 사람의 모양 같은 형상이 있다[겔 1:26]. 영원하시고 거룩하신 하나님께서 인간에게 보이는 방법은 오직 사람의 모양으로 나타나는 것이다.

에스겔서에서 보좌 환상의 중요한 특징은 바퀴가 추가되어 수레-보좌[throne chariot]라고 불리는 것이다[겔 1:15-21].[10] 보좌에 바퀴가 달렸다는 것은 하나님이 성전에 고정되지 않고 보좌를 타고 이

동할 수 있다는 말이다. 이제 하나님은 보좌 수레, 그룹, 또는 바람 날개시 18:10를 타고 다니시는 분이다. 이는 하나님 인식에 대단한 발전을 가져왔다. 성전이 건축되기 전에 하나님이 성막을 통하여 이동하신 것처럼, 성전이 파괴된 이후 하나님은 바퀴 달린 보좌를 타고 이동할 수 있게 되었다. 성전의 멸망과 함께 드러난 사실은 하나님은 자신을 성전과 분리해 그룹을 타고 성전 바깥으로 이동하시는 분이라는 것이다.[11] 이제 하나님은 수레 보좌를 타고 자유롭게 다니시다가 언제든지 하늘에 오르사 하늘 보좌에 앉으실 분으로 인식되었다.[12]

셋째, 에스겔서에서 거룩 체험은 어떻게 나타나는가? 에스겔은 보좌 환상에서 객관적인 관찰자가 아니라 주관적인 참여자가 된다. 에스겔은 보좌 환상을 통해 여호와의 말씀이 임하고 여호와의 권능이 임하는 체험을 한다겔 1:3. 에스겔의 보좌 환상에서는 거룩 체험보다는 보좌 환상을 받은 이후 소명에 대해 더 많이 이야기한다. 보좌 환상에스겔 1장과 소명에스겔 2-3장은 긴밀히 연결된다. 에스겔이 보냄을 받는 백성은 얼굴이 뻔뻔하고 마음이 굳은 자들이며 패역한 자들이다겔 2:4. 에스겔의 목표는 그들을 변화시키는 것이 아니다. "그들이 듣든지 아니 듣든지 그들 가운데 예언자가 있음을 알게 하는 것"겔 2:5이다. 에스겔은 이스라엘의 파수꾼으로서 악인을 악한 행위에서 돌이키고, 의인을 깨우쳐 범죄 하지 않게 하는 것이다. 소명을 받은 에스겔은 하나님의 영에 의하여 들어 올려져서 텔아비브로 가서 포로들 가운데 예언자로서 그의 사역을 시작한다. 에스겔은 백성을 기뻐하며 그들의 아픔에 울고, 그들의 죄악 때문에 분노하고 격정에 사로잡히면서, 소명자의 길을 걷기 시작한다[겔 3:14][13].

에스겔의 보좌 환상은 후대 사람들에게 수레 보좌라는 뜻을 가진 메르카바[Merkabah] 전승의 기원이 된다. 하나님은 땅의 성전 보좌에 앉아 계시지만, 성전을 떠나 수레를 타고 마음대로 움직이는 분이시다. 수레 보좌를 타신 하나님이 궁극적으로 앉으실 곳은 바로 하늘 성전에 있는 보좌이다. 신앙인들은 메르카바 전승을 통해 하늘에 올라 하늘 보좌에 앉으신 하나님을 만나기를 갈망한다. 또한 에스겔이 발견한 "사람의 모양을 하고 보좌에 앉은 형상"은 인간의 눈에 보이는 하나님 이해로서 성육신하신 예수를 이해하도록 돕는다.

다니엘

> 내가 보니 왕좌[보좌]가 놓이고 옛적부터 항상 계신 이가 좌정하셨는데 [단 7:9]

묵시문학으로 분류되는 다니엘서에 나오는 보좌 환상[단 7:9-10] 역시 구약성경에 나오는 보좌 환상들의 연속선상에서 이해할 수 있다. 보좌라는 단어가 명시적으로 언급되는 본문은 다니엘 7장이지만, 7장에서 다니엘은 보좌 환상의 객관적인 관찰자로 등장하기 때문에 거룩 체험에 대한 진술은 없다. 반면에 다니엘 8장과 10장에는 보좌라는 단어가 사용되지 않지만, 다니엘은 하나님의 임재를 통해 특별한 체험을 한다. 이제 다니엘서의 보좌 환상을 보좌 환상의 세 가지 전형적인 특징과 관련해서 살펴보자.

첫째, 다니엘 7장은 임박한 심판을 예언한다. 하나님이 심판대에 앉으셔서 심판의 책들을 기준으로 심판하실 때 네 번째 나라의 멸망이 선포된다. 이 예언은 하늘에서 이루어진 심판이 땅에서 반드시 이루어진다는 맨티시즘manticism의 형식을 취한다. 안티오쿠스 4세를 상징하는 작은 뿔이 신성모독을 행할 때 그가 속한 짐승인 네 번째 나라가 죽임을 당하고, 그의 시체가 상한 바 되어 타오르는 불에 던져졌다. 이 예언에 따라 하늘에서 예고한 그리스와 안티오쿠스 4세의 멸망이 지상에서 곧 이루어질 것이다.

둘째, 다니엘 7장은 구약성경의 다른 어떤 본문보다도 더 상세하게 보좌 환상을 묘사한다.

> 내가 보니 왕좌보좌가 놓이고 옛적부터 항상 계신 이가 좌정하셨는데 그의 옷은 희기가 눈 같고 그의 머리털은 깨끗한 양의 털 같고 그의 보좌는 불꽃이요 그의 바퀴는 타오르는 불이며 불이 강처럼 흘러 그의 앞에서 나오며 그를 섬기는 자는 천천이요 그 앞에서 모셔 선 자는 만만이며 심판을 베푸는데 책들이 펴 놓였더라 단7:9-10

다니엘 7장에서 보좌는 복수명사로 사용되어 "하나님"과 "인자 같은 이"를 위한 자리로 사용된다. 하나님은 시간의 한계를 넘어선 "옛적부터 항상 계신 이"이시며, "옷이 희기가 눈 같다"고 할 정도로 죄가 없으시고 정결하시다[사 1:18; 시 51:7]. "머리털이 깨끗한 양의 털과 같이 흰" 정도로 오래전부터 존재하신다. 보좌를 불꽃과 타오르는 불로 보는 것은 하나님의 임재와 권위의 특징을 보여준다[창 15:17; 출 3:2-4; 19:18; 14:24; 40:34-38]. "그를 섬기는 자는 천천이요, 그 앞에 모셔 선 자는 만만"이란 구절은 하나님을 둘러싼 천사가 매우 많다는 것을 표현한다[단 7:10]. 에스겔의 환상과 마찬가지로 다니엘의 환상에서도 보좌에 바퀴가 있다.[14]

한편, 다른 보좌 환상과 달리 다니엘의 보좌 환상에는 인자 같은 이가 등장한다.

> 내가 또 밤 환상 중에 보니 인자 같은 이가 하늘 구름을 타고 와서 옛적부터 항상 계신 이에게 나아가 그 앞으로 인도되매 그에게 권세와 영광과 나라를 주고 모든 백성과 나라들과 다른 언어를 말하는 모든 자들이 그를 섬기게 하였으니 그의 권세는 소멸되지 아니하는 영원한 권세요 그의 나라는 멸망하지 아니할 것이니라 [단 7:13-14]

역사의 종말에 인자 같은 이가 등장하는데, 그는 인간의 형상을 한 천상의 존재이다. 에스겔의 환상에서 보좌 위에 사람의 모양을 가진 신적인 존재가 처음으로 등장한 이후, 다니엘 7장에서 인자 같은 이가 등장하고, 이후 다니엘서에서 여러 번 나타난다. "사람 모양 같은 것"단 8:15, "인자와 같은 이"단 10:16, "사람의 모양 같은 것"단 10:18. 하늘에서 등장하는 인자 같은 이는 권세와 영광과 나라를 받고, 모든 백성과 나라들과 다른 언어를 말하는 자들의 섬김을 받는다. 그가 받은 권세는 영원한 권세이고, 그의 나라는 영원히 멸망하지 않을 것이다.[15] 기독교는 다니엘서에 나오는 인자 같은 이를 예수라고 해석한다마 3:11; 8:29; 11:3; 요 1:30; 4:25.[16]

셋째, 다니엘 7장의 보좌 환상에서 다니엘은 주관적인 참여자가 아니라 객관적인 관찰자로 등장한다. 다니엘은 성전이 아니라 침상에서 하늘 보좌 환상을 경험한다. 그는 환상으로 보좌 위에 앉으신 하나님을 보았지만, 실제로 하나님을 통해 거룩을 체험하지는 못한다. 대신 다니엘 8장과 10장에서 다니엘은 거룩하신 하나님을 통해 거룩을 체험한다. 하나님으로부터 환상 해석의 명령을 맡은 가브리엘이 등장했을 때, 다니엘은 두려워서 얼굴을 땅에 대고 엎드려 깊이 잠들고 무의식 상태에 돌입한다단 8:17. 다니엘 10장에서 다니엘이 만난 하나님은 에스겔이 만난 하나님과 유사하다단 10:5-6; 겔 1:4-28.

다니엘이 하나님을 대면한 후에 천사는 한 손으로 다니엘을 어루만지면서 그의 무릎과 손바닥이 땅에 닿게 일으키고, 그를 "큰 은총을 받은 사람"이라고 부른다. 또한 다니엘이 환상 체험으로 인해 힘이 빠지고 호흡이 남지 않아 주와 더불어 말할 수 없다고 고백하자, 천상의 존재인 "사람의 모양 같은 것" 하나가 "평안하라 강건하라 강건하라"고 말하여 다니엘을 위로하며 강건하게 만들었다. 이 거룩 체험은 포로로 잡혀 온 후 고레스 3년까지 69년을 한결같이 쉬지 않고 열정적으로 하나님의 길을 달려온 다니엘에게 큰 위로가 되었다. 노쇠하고 아직도 끝나지 않은 여정에서 기다림에 지친 다니엘은 하나님의 임재를 체험하고 벅찬 감격을 얻는다. 하나님은 다니엘을 귀한 존재로 인정하시고 "큰 은총을 받은 사람"이라고 부르신다. '두려워하지 말라'고 위로하시고, '평안하고 강건하라'고 힘을 주신다. 이제 다니엘은 천사의 도움으로 기력을 회복하고 계시를 받을 상태가 된다. 위대한 예언자들인 이사야나 에스겔처럼, 다니엘이 마지막으로 400년 후에 고난받는 공동체에게 말씀을 전하는 사명을 감당할 힘을 얻는 것이다.[17]

요한계시록

구약에서부터 발전된 보좌 환상은 요한계시록에서도 이어진다. 다니엘서에 나오는 인자 같은 이는 예수 그리스도로 판명되었다. 요한계시록에 나타난 보좌 환상을 전통적인 보좌 환상의 관점으로 살펴보기로 하자.

첫째, 요한계시록은 황제 제의라는 박해와 위기도미티안 황제 시대를 견뎌야 하는 공동체를 위하여 쓰인 것이다.[18] 요한계시록은 보좌 앞에서 이루어지는 최후 심판을 전제한다계 20:12.

둘째, 요한계시록에서 보좌 환상 서술은 에스겔과 이사야의 진술을 종합한 듯한 느낌이다. 먼저 요한계시록의 저자는 다니엘 7:13-14에 근거하여 구약성경에서 예언된 메시아적인 인물이 예수 안에서 성취된 것으로 이해한다계 1:7, 13; 14:14. 동시에 예수는 천상의 존재로서 하나님이 부여하신 권위를 가지고 교회에 관한 말씀과 종말에 관한 계시를 선포하신다. 사도 요한은 지상 성전이 아니라 하늘 성전에 올라가서계 4:1 하늘 보좌에 앉으셔서 백성들과 함께하시는 하나님의 임재를 체험한다계 7:15. 보좌에 앉으신 이의 모양은 벽옥, 홍보석, 녹보석과 같았다계 4:3-4. 에스겔의 보좌 환상을 따라 보좌 주변에 있는 천사는 네 생물로 나타난다. 사자, 송아지, 사람, 독수리 같은 네 생물이계 4:7 이사야의 보좌 환상을 따라 여섯 날개로 밤낮 쉬지 않고 하나님의 거룩하심을 찬양한다계 4:8.

셋째, 사도 요한도 하늘에 올라 보좌 환상에 대한 주관적인 참여자로서 거룩하신 하나님을 체험한다. 거룩 체험의 절정은 개인적인 체험보다는 하늘에서 하나님의 통치를 받는 백성들에 관한 것이다. 하나님의 보좌와 함께 어린양 예수 그리스도의 보좌도 나타난다계 7:15-17; 22:1. 보좌에 앉으신 이가 백성들 가운데 장막을 치신다는 것은계 7:15 구약의 성막 전승을 연상시킨다. 백성들은 예수를 통해 하나님의 임재 가운데 하나님을 섬긴다. 보좌에 앉으신 예수는 백성들이 세상에서 겪었던 눈물을 씻어 주심으로 참된 메시아의 역할을 담당하고 백성들에게 소망을 제시하신다[계 7:17]. 역사의 마지막에 이루어질 일은 하늘의 성전과 땅의 성전이 만나는 것이다. 처음 하늘과 처음 땅이 사라지고 거룩한 성 예루살렘이 하나님으로부터 하늘에서 내려옴으로써 하늘과 땅의 간극이 극복된다[계 21:1-2]. 이제는 새 예루살렘의 보좌에 하나님과 인자가 함께 앉으시고 성막 건립과 함께 시작된 하나님의 임재가 회복된다[계 21:3].

보좌 환상을 통한 하나님의 임재 체험

이스라엘 역사에서 보좌 환상은 모세의 지성소 체험이 변형되어 하늘 보좌에 앉으신 하나님을 만나고 싶은 신앙인들의 갈망이 담긴 구약 신비주의의 유산이다. 보좌 환상은 지상의 성막이나 성전에서 경험되지만, 하늘 보좌에 관한 경험으로 이해되었다. 보좌 환상을 통해 예언자들은 하늘 보좌에 앉으신 하나님을 체험한다. 보좌 환상의 모습은 요한계시록에서 절정에 이른다. 보좌 환상은 하나님을 둘러싼 천상의 세계를 배경으로 하면서 하나님을 대면한 인간의 거룩 체험 이야기를 보여준다. 인간의 경험에 익숙하지 않기에 보좌 환상을 지어낸 이야기나 단순히 문학적인 장치로 여겨서는 안 된다. 보좌 환상이 모더니즘을 살아가는 합리적인 사람들에게는 논리적으로는 이해되지 않을지라도 하나님을 갈망하는 신앙인들에게는 공감하고 다시 자기 경험으로 재현되는 전승이었다. 하나님을 갈망하는 신앙인이라면 하나님의 임재에 관한 풍부한 전승인 보좌 환상이 시대를 넘어 신앙의 선배들이 걸었던 여정을 따라 자신에게 다가오시는 하나님을 경험할 수 있는 선례가 된 것이다. 이 보좌 환상이 신약 시대를 살아가는 기독교인들에게 더 의미 있는 것은 보좌 환상이 하늘 보좌에 오르신 예수의 승천과 바울의 승천 체험을 이해할 수 있도록 돕기 때문이다.

다음 장에서는 보좌 환상의 변형으로 나타난 승천을 통하여 예수께서 직접 하늘에 올라 하나님 우편의 보좌에 앉으신 천상의 존재라는 것을 살펴볼 것이다.

이해를 돕는 질문들 ...

1. 이사야 6장에서 이사야의 거룩 체험이 그의 소명에 어떤 영향을 주었는가?

....

....

....

2. 에스겔 1장에서 나타난 보좌 환상의 특징은 무엇인가?

....

....

....

3. 다니엘서에서 보좌 환상 체험이 다니엘에게 어떤 영향을 주었는가?

....

....

....

4. 요한계시록에 나타난 보좌 환상은 구약성경에 나타나는 보좌 환상과 어떤 유사점과 차이점이 있는가?

....

....

....

7장

예수의 승천

주 예수께서 … 하늘로 올려지사 하나님 우편에 앉으시니라

마가복음 16:19

보좌 환상의 맥락에서 승천 전승이 등장한다. 보좌 환상은 지상 성전과 하늘 성전의 일치를 전제로 지상 성전에서 하늘 성전의 보좌에 앉으신 하나님의 임재를 경험하는 것이다. 그러나 승천 전승은 지상 성전이 아닌 하늘 성전에 올라가 하나님의 보좌를 목격하는 것이다. 그런데 예수의 승천은 바울의 승천 체험과 다르다. 예수는 천상의 존재로서 승천 전승을 따라 직접 하늘에 올라 하나님 우편의 보좌에 앉는다. 예수의 승천과 달리, 바울의 승천 체험은 승천하여 하늘 성전에서 하나님 우편 보좌에 앉아 있는 예수를 목격하는 체험이다.

웨스트민스터 소요리문답 28번 항목은 그리스도의 높아지심을 부활, 하늘에 오르심, 하나님의 우편에 앉으심, 그리고 심판자로 오심의 관점에서 기술한다.[1] 여기에서 하늘에 오르시는 것은 승천의 형식이고 하나님의 우편에 앉으시는 것은 승천의 결과를 말한다.

부활	승 천		심판자
	하늘에 오르심	하나님 우편에 앉으심	

기독교 전통은 예수가 승천 전승을 따라 하늘에 올라 하나님 우편에 앉으신 인자로서, 승천을 통해 모세가 받은 계시보다 더 뛰어난 계시를 받았다고 고백한다. 이 주장은 기독교를 랍비 유대교로부터 차별화시켰다. 예수는 승천하여 하나님 우편에 앉으사 성령을 보내심으로 교회를 탄생시키고, 성령을 통하여 교회가 예수의 임재를 경험하게 한다. 결과적으로 구약에서는 하늘에 계신 하나님이 성막성전을 통해 하나님의 백성과 함께하셨고, 신약에서는 승천하신 예수 그리스도가 성령을 통해 우리와 함께하신다.

하늘과 땅의 단절

예수의 승천을 이해하기 위하여 신구약 중간 시대에 나타난 승천 전승을 살펴볼 필요가 있다.[2] 승천 전승은 보좌 환상에서 당연하게 전제되었던 땅의 성전과 하늘 성전의 일치가 더는 가능하지 않다는 인식에서 기원한다. 포로기 이전에 하늘과 땅을 연결한다고 믿었던 예루살렘의 솔로몬 성전이 무너졌다. 그리고 포로기 이후에 세워진 제2성전은 합법성을 상실하여 이제 하늘 성전을 매개하지 못한다고 여겨졌다. 제2성전은 다윗 왕조가 아니라 페르시아 제국에 의해 건설되어 식민 통치를 위한 장소로 사용되었다. 또한 제2성전 시대 제사장들은 종교적이고 정치적인 권력을 휘두르며 사회적인 불의injustice와 종교적인 부정uncleanness을 행했다. 전통적으로 제사장들은 땅의 성전에서 백성들이 하나님의 임재를 체험하도록 돕는 역할을 했지만, 불의와 부정을 행하는 제사장들이 더는 합법적이지 못한 성전에서 제사장 역할을 수행하지 못한다는 비판에 직면했다.[3]

제2성전과 제사장에 대한 비판을 통하여 지상의 성전이 아니라 하늘의 성전에 직접 올라가야 하나님의 보좌를 체험할 수 있다고 주장하는 것이 에녹1서이다. 기원전 200년경에 쓰인 에녹1서는 원래 하늘 성전에서 천사 역할을 했던 제사장들이 더 이상 자격이 없다고 비판한다[에녹1서 12:4; 16:3]. 제사장들은 불의와 부정[민 19:13, 20; 레 15:31]으로 성전을 더럽혔기 때문에 하늘에서 제사장으로 일할 수 없다[에녹1서 14:5].[4] 또한 제사장들은 백성들에게 불의를 가르치거나 하늘의 비밀을 드러냈기 때문에 더 이상 계시를 다루지 못한다[에녹1서 9:6; 16:3].

에녹과 인자

에녹은 땅의 성전에서는 더 이상 하늘의 성전에 계시는 하나님의 임재를 경험하지 못한다고 여기고 직접 하늘에 올라 하나님의 임재를 경험한다. 에녹1서 14장에 나타난 승천 전승은 이사야 6장, 에스겔 1장, 다니엘 7장에 나타난 보좌 환상이 발전한 것이다. 에녹1서는 지상의 성전이 더는 하늘의 성전과 일치하지 않기에 하늘 성전에 계신 하나님을 체험하기 위해서는 직접 하늘의 성전에 올라야 한다고 주장한다. 많은 사람 중에 에녹이 하늘에 올라갈 수 있는 자격이 있었던 이유는 하나님과 동행하는 삶을 살았기 때문이다[창 5:24].

에녹이 하늘에 오르는 광경은 아람어 에녹1서에 자세히 묘사되어 있다. "환상 가운데 바람이 나를 날아서 하늘 높이 올라가게 하고, 나를 위로 취하여 데려갔으며, 마침내 하늘로 들어가게 하였다"[에녹1서 14:8-9]. 에녹이 경험한 하늘 성전은 벽, 큰 집, 둘째

집 등 세 가지 요소로 이루어졌는데, 이는 안뜰, 성소, 지성소로 이루어진 땅의 성막/성전의 모습을 재현한 것이다[에녹1서 14:9-17]. 하나님이 앉아 계신 보좌는 그룹 보좌[에녹1서 14:18]로서, 예루살렘 성전의 지성소에 있는 그룹에 비견된다. 불타는 그룹[에녹1서 14:11]은 성막[출 26:1]의 벽걸이에 있는 형상 또는 성전의 벽에 새겨진 형상에 상응한다[왕상 6:29; 대하 3:7]. 천사들은 하늘 성전에서 하나님의 보좌 앞에서 있는 제사장 역할을 한다[에녹1서 14:22-23]. 에녹은 타락한 천사의 기도를 전해주는 중보자 역할을 한다[에녹1서 15:2]. 에녹이 서술하는 하늘 보좌의 모습은 보좌 환상의 진술과 유사하다. 에녹은 전형적인 보좌 환상에서처럼 높은 보좌 앞에서 하나님의 임재를 경험한다[에녹1서 14:18]. 하나님의 임재에 대한 구약 전승에서 보는 것처럼[출 3:2; 19:18; 24:17], 불이 반복해서 등장하고[에녹1서 14:9, 12, 15, 17, 19, 22], 에녹은 두려움[에녹1서 14:24]의 반응을 보인다. 즉 하늘에 올라간 에녹은 보좌 환상에서와 같이 하늘 성전 보좌에 앉아 계신 하나님의 임재를 체험하는 것이다.

다니엘 7장과 에녹1서 14장에서의 보좌 환상에는 유사점과 차이점이 있다.

다니엘 7장	에녹1서 14장
9 내가 보니 왕좌가 놓이고	18 내가 보았는데 그 안에 높은 왕좌를 보았다
옛적부터 항상 계신 이가 좌정하셨는데	20 큰 영광이 그 위에 좌정하셨는데
그의 옷은 희기가 눈 같고	그 옷은 눈보다 더 희고
그의 보좌는 불꽃이요	19 보좌 아래로부터 불같이 흐르고 있고
그의 바퀴는 타오르는 불이며	18 그 바퀴는 뜨거운 태양 같고
10 불이 강처럼 흘러 그의 앞에서 나오며	22 큰 불이 그 앞에 서고
그 앞에서 모셔 선 자는 만만이며	그 앞에 시위한 자는 만만이며

두 책 모두에서 동일하게 보좌가 심판대 앞에 있고[단 7:9-10; 에녹1서 14:18], 보좌 곁에 불이 있다. 하늘의 천군이 옛적부터 항상 계신 자를 보위한다[단 7:10; 에녹1서 14:22]. 보좌에는 바퀴가 있다[단 7:9, 에녹1서 14:18]. 다른 한편, 에녹1서와 다니엘서의 차이도 명백하다. 에녹1서에서 에녹은 계시의 수신자이면서, 동시에 하늘에 오르는 인자 역할을 담당한다. 그러나 다니엘서에서 계시의 수신자인 다니엘과 천상의 존재인 인자는 서로 다른 존재다. 다니엘 7장에서 다니엘은 인자가 아니고 다만 계시의 수신자로서, 자신의 꿈을 해석하는 천사를 필요로 한다. 그런데 에녹1서에서 에녹은 하늘에 올라 보좌 환상을 보고 새 계시를 받아 타락한 천사들에게 심판을 선포하는 인자의 역할을 맡는다.[5] 다니엘은 인자 같은 이와 구별되어 토라에 순종하는 인간에 지나지 않는다면, 에녹은 하늘에 올라 인자로서 새 계시를 받음으로 지상의 성전에서 받은 계시와 차별된 새 계시 논쟁을 불러일으킨다.

새 계시 논쟁

승천 전승의 목표는 인자가 하늘에 올라가서 새로운 계시를 받아오는 것이다. 이 때문에 에녹이 받아왔다고 여겨지는 새 계시로 인한 논쟁이 발생한다. 새 계시에 대한 언급은 하늘에 올라가서 받아오는 새 계시의 위험성에 대한 경고로 구약성경에 많이 등장한다. 신명기의 복과 저주를 강조하는 본문에서 하나님이 주신 토라에 대한 순종을 강조할 때 하늘에서 오는 계시의 표현이 등장한다. 즉, 하나님께서 순종을 명령할 때 그들이 지켜야 할 계시를 얻기 위하여 하늘에 올라갔다 올 필요가 없다는 말이다[신 30:11-12]. 그들이 순종해야 할 토라의 명령이 이미 곁에 있기 때문에 그것을 읽고 순종하면 되는 것이다. 잠언 30장에서도 하나님의 말씀을 더하거나 빼지도 말라고 강조하면서 "하늘에 올라갔다가 내려온 자가 누구인지"[잠 30:4]라는 표현을 사용한다. 잠언이 쓰일 당시에 하늘에서 새로운 계시를 가져온다는 표현이 사용되었음을 암시한다. 나아가서 하늘에서 온 계시는 그들이 가지고 있는 토라의 권위에 배치된다고 하는 비판의 목소리도 등장한다. 기원전 2세기에 쓰인 집회서에서는 토라 이외의 새 계시를 찾으려는 시도의 위험성에 대하여 경고한다. "네게 너무 어려운 것을 찾지 말고, 네 힘을 넘어서는 것을 알려고 하지 말라. 감추어진 것은 너에게 필요가 없으므로, 너에게 주어진 것만을 묵상하도록 하라"사역, 집회서 3:21-22. 이러한 증거들을 바탕으로 우리는 새 계시 논쟁에 관한 에녹1서와 다니엘서의 상반된 관점을 읽을 수 있다. 즉, 에녹1서는 토라의 권위를 넘어서는 새 계시를 강조하고, 다니엘서는 토라의 권위를 넘어서는 새 계시를 부정한다.[6]

모세의 권위를 뛰어넘는 새 계시

위에서 보는 것처럼 승천 전승의 중요한 특징은 인자가 하늘에 올라가서 새 계시를 받아오는 것이다. 승천 전승을 어떻게 받아들이는가에 따라 유대교와 기독교가 갈린다.

기독교는 인자인 예수가 하늘에 올라 하나님의 보좌를 체험하고 새 계시를 받아온다고 주장한다. 이 새 계시란 모세가 받은 계시의 권위를 뛰어넘는다. 랍비 유대교는 승천 전승을 통해서 새로운 계시를 받아오는 것을 비판한다. 그러나 차차 승천 체험과 새 계시를 분리하게 된다. 즉, 하늘에 오르는 승천 체험은 인정하지만, 모세의 권위를 뛰어넘는 새 계시는 인정하지 않는 것이다. 하늘에 올라 새 계시를 받아 오는 것은 부정하지만, 하나님을 대면하는 승천 경험은 강조하는 것이 유대교의 신비주의다에녹3서. 즉, 유대교는 승천 전승의 주체로서 새 계시를 받는 인자의 존재는 인정하지 않지만, 하늘 보좌에 있는 하나님을 경험하는 승천 체험은 인정하는 것이다. 바울이 고린도후서 12장에서 경험한 삼층천 체험은 유대교 신비주의의 전승에서 이루어진 것이다. 바울이 유대교 신비주의 전승을 따라 삼층천에 올라갔는데, 그가 발견한 것은 토라의 권위가 아니라 하나님 우편에 앉아 있는 예수 그리스도였다. 기독교는 승천의 주체인 인자를 예수 그리스도라고 고백하고, 인자가 받아온 계시가 모세의 권위를 뛰어넘는 새 계시로서 기독교의 기원을 이룬다고 고백한다.

이것을 통해 구약성경과 신약성경의 관계가 새롭게 확립된다. 예수는 시대적으로 모세보다 늦게 등장하고, 신약성경은 율법서와 예언서뿐 아니라 성문서보다도 후대에 쓰인 문헌들이다. 그러나 모세의 권위보다 예수의 권위가 더 뛰어나기 때문에 구약성경은 신약성경에 나타나는 예수 사건의 빛 아래서 해석되어야 한다. 즉, 기독교에서 승천 전승의 중요성은 인자인 예수가 승천을 통하여 하늘 보좌에서 하나님을 대면하였으며, 그가 받은 새 계시는 모세가 시내산에서 받은 토라보다 더 권위 있는 계시라는 데 있다. 예수의 승천에 관한 이러한 증언들은 신약성경 여러 곳에서 나타난다.

마가복음과 바울서신

마가복음은 책의 마지막에 승천의 내용을 한 번에 요약한다. 마가에 따르면, 예수께서는 말씀을 마치시고 하늘로 올려지사 하나님 우편에 앉으신다. 제자들이 나가서 선교사역을 행할 때 주께서 함께 역사하셔서 표적을 통하여 말씀을 확실히 증언하셨다[막 16:19-20]. 마가가 사용한 "하늘에 올려져 하나님 우편에 앉으셨다"는 표현은 전형적인 예수의 승천 표현이다. 나아가서 "주께서 함께 역사하사"라는 표현은 성령강림을 통한 예수의 임재를 나타낸다. 즉, 마가는 간접적으로 성령강림을 통한 예수의 임재를 서술한다.

바울 또한 에베소서에서 예수의 승천을 표현하기 위하여 시편을 인용한다: "그가 위로 올라가실 때에 사로잡혔던 자들을 사로잡으시고 사람들에게 선물을 주셨다"[엡 4:8; 시 68:18]. 위로 올라가신다고 말할 때 시편에서는 "위"라는 말 대신 "높은 곳[마롬]"을 사용하는데, 높은 곳이란 하나님의 보좌가 있는 시온산을 뜻한다. 이 말은 여호와께서 적들로부터 승리하셔서 성전에 있는 자기 보좌에 승리자로 앉으심을 의미한다. 이에 대하여 바울은 위를 하나님께서 앉으신 하늘 보좌를 가리킨다고 보고 "그가 위로 올라가실 때"를 예수의 승천을 가리키는 것으로 해석한다. 바울에 의하면 예수는 승천 전승에 따라 하늘에 올라[엡 1:20] 하나님 우편에 앉아 계시는 분이다[롬 8:34].[7]

누가복음과 사도행전

누가복음과 사도행전은 예수의 승천을 자세하게 기술한다. 승천의 전제는 예수의 성육신이다. 예수께서 지상에 오시지 않았다면 하늘에 오른다는 것이 불필요하지만, 지상에 육신으로 오셨기에 예수의 승천이 필요하다. 누가복음은 승천 이전 예수의 지상 사역을 다루며, 사도행전은 예수의 승천 이후 사도들의 교회 사역을 다룬다.

누가복음에서 예수의 지상 사역의 목표는 곧 승천이다. 육체의 몸으로 지상 사역을 하시던 예수께서 승천을 바라보며 예루살렘으로의 여정을 시작한다. 예수께서는 예루살렘에서 십자가의 죽음, 부활을 거쳐 승천을 통하여 하늘 보좌에 앉으실 계획을 세우신다. 예수께서는 이 여정을 시작하면서 승천에 관해 두 번의 암시를 한다. 먼저 변화산에서 예수의 승천에 관한 언급이 등장한다. 예수께서 세 제자와 함께 변화산을 찾았을 때 희고 광채가 나는 예수의 모습은 승천 후에 변화되실 모습이었다

[눅 9:29]. 변화산에서 등장한 모세와 엘리야는 승천한 인물들이다. 엘리야는 승천하였고[왕하 2:11], 모세도 또한 시내산에 오를 때에 승천한 것으로 알려졌다[모세의 승천기]. 승천한 두 인물이 예수의 승천에 관하여 이야기하고 있다. “영광중에 나타나서 장차 예수께서 예루살렘에서 별세[엑소도스]하실 것을 말할새”[눅 9:31]. 다음으로 예루살렘을 향한 긴 여정은 바로 예루살렘에서의 승천을 목표로 한다. “예수께서 승천하실[아나램프세우스] 기약이 차가매 예루살렘을 향하여 올라가기로 굳게 결심하시고”[눅 9:51].

또한 누가는 예수의 임박한 재림을 언급하지 않고 승천의 결과로서 예수께서 하나님의 우편에 앉아 통치하실 것을 예언한다. 누가는 대제사장 앞에서 “인자가 구름을 타고 온다”[단 7:13; 막 14:62]는 다니엘서 인용을 생략하고, 대신 인자가 하나님의 권능의 우편에 앉아 있을 것을 예언한다[눅 22:69]. 그 이유는 누가는 임박한 재림에 관한 내용을 생략하는 대신, 이미 하늘에서 통치를 시작하시는 예수의 권위에 대하여 말하기 원하기 때문이다. 이 예언은 사도행전에서 성취된다. 스데반은 순교할 때 이미 하나님 우편에 서서 통치를 시작하시는 예수를 목격한다[행 7:56]. 누가는 예수 이야기를 승천으로 마무리하면서[눅 24:50-53], 사도행전에 나오는 승천을 준비한다.

사도행전은 예수께서 승천하시고, 승천한 예수께서 성령을 통해 하나님의 백성과 함께 할 뿐 아니라, 종말까지 계속될 예수의 임재에 대하여 증거한다. 예수의 승천 이야기[행 1:9-11]는 예수의 재림 이전에 성령을 통해 현존하시는 그리스도와 함께 교회의 시대가 시작되었음을 알린다. 이후부터 사도행전은 승천을 통해 신분이 변화된 예수에 대하여 반복해서 설명한다. 예수는 하늘에 올라갔을 뿐 아니라, 하나님 우편에 앉아 왕으로 취임하사 주와 그리스도가 되셨고, 백성들에게 성령을 부어주셨다행 2:36; 5:31; 7:56; 2:33.[8] 성령을 통해 기독교인들은 부활하시고 승천하신 예수와 동행한다.

요한복음

요한복음은 에녹1서에 나오는 에녹의 승천과 유사한 패러다임으로 예수의 승천을 묘사한다. 에녹1서는 다니엘서와 달리 에녹이 인자의 자격으로 하늘에 올라 새 계시를 받아 기존의 제2성전 제사장들과는 다른 공동체를 제시한다. 에녹이 맡은 인자 역할을 예수가 담당하여, 예수는 승천을 통하여 자신이 새 계시를 받은 천상의 존재임을 알린다.[9] 요한 공동체의 목표는 예수에게서 받은 새 계시를 통하여 유대인들의 박해를 이겨내고 기독교 공동체의 고유한 정체성과 정통성을 옹호하는 것이다.[10] 예수의 신적인 기원을 드러내는 "하늘에서 내려온 사람"이라는 이미지는 모세의 권위를 최고로 여기는 유대교로부터 기독교 공동체를 분리시킨다.

요한복음에서 승천은 하늘에서 내려온 존재가 다시 하늘로 올라가는 사건을 가리키며 다음과 같이 서술되었다. 먼저 예수는 하늘에서 내려오신 분이다. 참 빛이 세상에 왔다[요 1:9]. 말씀이 육신이 되었다[요 1:14]. 하나님께로서 오신 선생[요 3:2]. 하늘에서 내려온 자 곧 인자[요 3:13]. 위로부터 오시는 이[요 3:31]. 세상에 오실 그 선지자[요 6:14]. 하늘로서 내려온 떡[요 6:51, 58]. 또한 예수는 하늘로 다시 올라가실 분이다. 하늘에 올라간 자[요 3:13]. 들려야 하는 자[요 3:14]. 이전에 있던 곳으로 올라갈 분[요 6:62]. 아버지께 올라갈 분[요 20:17].

이와 같이 요한복음에서 예수는 자기 백성을 선택한 후에 다시 하늘로 돌아가기 위해 하늘에서 내려온 존재다. 예수의 승천은 예수가 모세의 율법보다 더 진정성 있는 계시를 가졌다고 주장할 수 있는 권위를 제시한다.

성령을 통한 예수의 임재

승천하신 예수께서 요청하여 하나님이 보내신 성령을 통하여 기독교인들은 예수의 임재를 경험한다. 이를 통해 유대교를 대체하는 새로운 공동체의 출현을 알린다. 성령이 강림한 날인 오순절[펜테코스테]은 원래 칠칠절[또는 맥추절]이라고도 불리는 농경 절기였지만, 신구약 중간기를 거치면서 율법갱신일로 바뀌었다. 희년서의 저자에 따르면, 이스라엘 백성은 유월절 후에 애굽을 떠났고,

칠칠절에 시내산에 도착하여 십계명뿐 아니라 안식일과 할례 등의 율법을 받았다. 그래서 유대교는 칠칠절[샤부오트]을 율법갱신일로 여기고 유대교가 탄생한 날로 기념해왔다. 하나님은 옛 이스라엘이 탄생한 오순절에 성령을 보내셔서 예수를 구주로 믿는 새로운 기독교 공동체를 허락하신다. 오순절을 선택함으로써 옛 이스라엘과 새 이스라엘의 연속성이 유지된다. 옛 이스라엘이 율법을 갱신한 바로 그 오순절 날 하나님은 성령강림을 통해 새 이스라엘인 교회를 탄생시키신다.

성령강림은 하나님의 임재에 관한 기독교적 표현이다. 성령강림을 묘사하기 위해 사용된 강한 바람이나 불의 혀와 같은 표현은 구약성경에서 하나님의 현현을 묘사할 때 사용된 표현이다[출 19:18]. 성령은 기독교인들이 예수와 동행하며 예수를 증거하는 능력을 부여한다.[11] 거룩을 하나님의 임재를 향한 여정이라고 정의할 때, 신약성경에서 거룩은 곧 성령을 통해 우리 곁에 계신 예수 그리스도와의 동행을 통해 이루어진다.

결론

예수의 승천은 기원전 2세기에 형성된 승천 전승의 발전이라고 할 수 있다. 승천 전승은 보좌 전승의 변형으로써, 기존의 제2성전과 제사장들의 권위를 부정하고 인자가 하늘에 올라 새로운 계시를 받는 전승으로 발전되었다. 기독교는 승천 전승에서 말하는 천상의 존재인 인자가 다름 아닌 예수라고 고백한다. 예수의 승천은 성육신하신 예수가 원래 하늘에서 내려온 자로서 다시 천상의 존재로 승천한 사건으로, 유대교의 다양한 종파 중 하나로 출발한 기독교가 유대교와 차별화되는 결정적인 사건이다. 예수에게서 성취된 승천 전승을 통해 기독교는 모세의 권위가 아니라 예수 그리스도 사건의 빛 아래서 구약성경을 읽는다. 승천하신 예수는 성령을 통해 하나님의 임재를 새로운 방식으로 표현한다. 예수는 임박한 재림 후에만 대면할 수 있는 분이 아니라, 성령강림 직후부터 성도들과 동행하시는 분이다. 교회는 성령을 통해 임하시는 예수와 동행함으로써 종말을 선취先取한다.

지금까지 승천 전승의 맥락에서 예수의 승천과 성림강림에 대하여 살폈다.

다음 장에서는 승천 체험을 통하여 승천하신 예수를 목격하고 변화된 바울의 신비로운 체험을 보게 될 것이다. 바울이 한때 기독교 핍박자였지만 회심과 승천 체험을 통하여 어떤 예수의 정체성을 발견하였으며, 이 발견이 기독교의 기원에는 어떤 영향을 주었는지 살펴보려고 한다.

이해를 돕는 질문들 ...

1. 보좌 환상과 승천 전승의 차이점은 무엇인가?

2. 예수께서 승천하신 사건이 왜 중요한가?

3. 기독교에서 오순절에 있었던 성령강림이 중요한 이유는 무엇인가?

8장

바울의 승천 체험

내가 그리스도 안에 있는 한 사람을 아노니
그는 십사 년 전에 셋째 하늘에 이끌려 간 자라

고린도후서 12:2

예수의 승천과 바울의 승천 체험은 서로 다른 의미를 지닌다. 예수는 하늘에 올라가 하나님 우편에 앉은 인자로서 새로운 계시를 받은 존재라면, 바울은 유대 신비주의인 승천 체험을 따라 하늘에 올라 하나님 우편에 앉아 있는 예수를 목격한 증인이다. 기독교 역사에서 바울이 중요한 이유는 기독교의 기원과 관련된다. 바울이 랍비 유대교로부터 기독교로 돌아선 것은 거룩하신 하나님과 예수 그리스도에 대한 체험 때문이다. 바울의 거룩 체험은 회심과 승천 체험으로 나타난다. 바울은 회심 체험을 통해 그가 만난 예수가 구약성경에서 계시된 그리스도라는 것을 깨닫고, 승천 체험을 통해 예수가 승천 전승에서 예언된 인자임을 깨달았다. 이번 장에서는 바울이 회심과 승천 체험을 통하여 예수의 정체성을 어떻게 이해했으며, 이것이 기독교의 기원에 어떤 영향을 주었는지를 살펴보기로 하자.

회심 체험

바울은 랍비 유대교에 서 있던 사람으로, 팔일 만에 할례를 받고, 이스라엘 족속 중 베냐민 지파요, 히브리인 중 히브리인이요, 바리새인으로서 교회를 박해하고 흠이 없는 율법의 의를 이룬 사람이었다[빌 3:5-6]. 그러나 예수 그리스도를 만나고 변화되어 유대교의 이 모든 유산을 배설물 같이 여겼다. 바울은 하나님의 거룩하심에 사로잡혀 회심하고, 예수가 구약성경에서 계시된 그리스도임을 확신하게 되었다. 사도행전은 바울의 회심을 세 번이나 서술한다[행 9:3; 22:6; 26:12].

> 사울이 길을 가다가 다메섹에 가까이 이르더니 홀연히 하늘로부터 빛이 그를 둘러 비추는지라. 땅에 엎드러져 들으매 소리가 있어 이르시되 사울아 사울아 네가 어찌하여 나를 박해하느냐 하시거늘 대답하되 주여 누구시니이까. 이르시되 나는 네가 박해하는 예수라. 너는 일어나 시내로 들어가라. 네가 행할 것을 네게 이를 자가 있느니라 하시니 [행 9:3-6]

바울은 철저한 유대주의자로서 스데반의 죽음에 대하여 증인으로 나섰고[행 7:54-8:1], 여전히 위협과 살기가 등등하여 대제사장에게 다메섹 여러 회당에 가져갈 공문을 청하여 그곳에서 그리스도인들을 결박하여 예루살렘으로 데려가려고 하였다. 랍비 유대교를 따르던 바울은 다메섹으로 가는 도상에서 둘러싼 빛 가운데 예수의 음성을 들었다. 땅에 엎드러진 바울은 "왜 나를 핍박하느냐?"라는 말에 혼란스러움을 느꼈다. "당신이 누구십니까?"라는 바울의 질문에 예수는 "나는 네가 박해하는 예수라"라고 밝히시며 바울이 핍박하는 교회와 자신을 동일화하셨다. 땅에 엎드러진 바울은 사람의 손에 이끌려 다메섹으로 들어가서 사흘간 보지 못하고 먹지도 마시지도 않으면서[행 9:8-9], 이 충격적인 사건의 의미를 깨달아야 했다. 아나니아는 바울의 기독교인 박해에 대해 익히 알고 있었지만, 환상 중에 하나님이 이방 선교를 위하여 세우신 바울을 도우라는 하나님의 음성을 듣는다[행 9:15-16]. 결국 아나니아는 바울이 있는 집에 들어가 그에게 안수하여 그가 다시 보고 성령으로 충만하도록 도왔다.

바울을 회심으로 이끈 힘은 인간이 아니라 하나님으로부터 온 것이었다. 바울은 자신이 경험한 빛과 말씀을 "하늘에서 보이신 것"[옵타시아, the heavenly vision, 행 26:19], 즉 초자연적인 하나님의 계시로 받아들인다. 아직 환상의 충격 속에서 벗어나지 못한 바울을 돕는 아나니아의 행동도 거부할 수 없는 하늘의 능력에 의한 것이다. 다메섹에 살고 있던 아나니아는 환상[호라마티] 중에 주의 음성을 듣고[행 9:10], 하나님의 명령을 따른다. 바울이 회심할 때나 아나니아가 바울의 회심을 도울 때나 모두 환상 가운데 초월적인 하나님 체험이 이루어졌음을 알 수 있다.

바울의 회심은 바울을 어떻게 변화시켰는가? 사도행전에 따르면, 회심 직후부터 안디옥 교회의 파송을 받을 때까지[행 13:1-3] 바울은 예수가 곧 하나님의 아들임을 전파했다[행 9:20-22]. 바울은 회심 사건을 통해 예수가 바로 구약에서 계시된 메시아임을 깨닫고, 구약성경을 예수의 빛 아래서 해석하게 된다. 바울의 변화된 행동 때문에 다메섹에 있던 유대인들은 당혹하여 급기야 바울을 죽이려 하였고, 바울은 유대인들을 피해 도망했다. 바울은 자신이 이렇게 변화된 이유는 "길에서 주를 본 것"과 "주께서 그에게 하신 말씀" 때문이라고 말한다[행 9:27]. 이 진술에서는 아직 승천 체험을 통해 획득한 바울의 심화된 예수 이해는 나타나지 않는다.

승천 체험

바울은 자신의 회심 이후에 하늘 보좌에 올라 하나님의 거룩을 체험하고 다음과 같이 고백한다.

> 무익하나마 내가 부득불 자랑하노니 주의 환상과 계시를 말하리라. 내가 그리스도 안에 있는 한 사람을 아노니 그는 십사 년 전에 셋째 하늘에 이끌려 간 자라. (그가 몸 안에 있었는지 몸 밖에 있었는지 나는 모르거니와 하나님은 아시느니라) 내

가 이런 사람을 아노니 (그가 몸 안에 있었는지 몸 밖에 있었는지 나는 모르거니와 하나님은 아시느니라) 그가 낙원으로 이끌려 가서 말로 표현할 수 없는 말을 들었으니 사람이 가히 이르지 못할 말이로다 고후 12:1-4

바울이 경험한 승천은 하늘에 올라 새 계시를 가져오는 인자의 승천과 구별된다. 바울은 피조물로서 하늘에 올라 인자를 대면했다. 바울의 승천 체험은 그의 회심 체험과 유사해 보이지만 사실은 서로 구분된다. 설사 두 체험이 동시에 일어났다 할지라도 그 내용은 서로 다른 것이다.[1] 바울의 회심을 강조하는 본문들행 9:1-9; 22:6-11; 26:12-18에는 바울의 승천 체험이 담겨 있지 않다. 회심 체험에서도 빛이 언급되기는 하지만, 이때 빛은 시각적인 계시라기보다는 주로 청각적인 계시였다.

승천 체험에서 바울은 자신의 체험을 "주의 환상옵타시아스과 계시아포칼륍세이스"라고 묘사한다. 환상하존은 눈에 보이는 체험으로 구약의 예언자들과 다니엘에게 나타난 권위 있는 계시를 가리키는 단어다. 계시갈루이는 감추었던 것이 드러나는 것으로, 예수 그리스도를 통해 드러난 계시를 가리킬 때 사용된다. 바울은 예수 그리스도로부터 받은 계시의 차별성을 강조한다갈 1:11-12; 2:2. 바울은 언제 승천 체험을 통해 계시를 받았을까? 그는 십사 년 전에 셋째 하늘에 이끌려 갔다고 말한다고후 12:2. 갈라디아서에 따르면, 바울은 회심 직후 예루살렘으로 가서 사도들을 만나지 않고 아라비아를 거쳐 다메섹으로 돌아갔다갈 1:17. 그 후 삼 년 만에 예루살렘에 올라갔고, 다시 십사 년 후에 예루살렘에 올라갔다갈 1:18; 2:1. 바울은 회심 후 이 기간에 승천 체험을 통해 예수에 대한 더 깊은 인식에 이르렀다고 볼 수 있다.[2]

바울은 인자로서 승천한 것이 아니라 한 신앙인으로서 승천을 체험했다. 바울은 유대교 신비주의 전통에 따라 삼층천에서 하나님의 보좌를 본다.[3] 바울은 자신의 승천 체험을 묘사할 때 낙원으로 가서 말로 표현할 수 없는 말을 들었다고 했는데, 이때 낙원paradise이라는 말은 유대 신비주의에서 최고의 하늘에 있는 지성소를 가리킨다. 이곳에서 바울은 하나님의 임재를 체험했다. 바울이 이끌려 올라간 셋째 하늘과 낙원은 모두 같은 하늘 성전의 지성소를 뜻한다. 바울 시대 유대교 신비주의에서 하늘에 대한 묘사는 성전의 삼중구조를 따른다. 지성소를 의미하는 삼층천은 곧 가장 거룩한 지성소이다.

고린도후서 12장에 나타나는 바울의 승천 체험은 다음과 같은 특징을 갖는다. 1) 하나님은 하늘 보좌에 앉아 계신다. 2) 체험자는 승천하여 하늘 보좌 우편에 앉아 있는 인간의 형상을 한 하나님이신 예수를 만난다. 3) 승천 체험을 통해 하나님을 대면한 자는 천사와 같이 변화한다. 원래 유대교 신비주의 전승은 모세의 권위를 전제하고 승천하여 삼층천에서 하나님의 보좌를 보는 신비 체험을 목표로 한다. 바울은 유대교 신비주의 전승에 따라 승천하여 하나님의 보좌를 경험하였는데 거기에서 그가 전혀 예상하지 못했던 예수 그리스도를 목격한 것이다. 바울은 유대교 신비주의 전승에 따라 승천하여 보좌 위에 앉아 있는 인간의 형상을 한 하나님을 보고, 그분이 바로 부활하고 승천하신 예수 그리스도라는 것을 확인한다. 바울은 이 체험에 관해 더 자세히 설명하지는 않는다. 원래 유대교 신비주의 전승은 신비로운 체험을 드러내지 못하게 했고, 바울도 자랑하지 않기 위해 조심하면서 부득불 이 경험을 말하고 있기 때문이다. 하지만 바울서신에 드러난 신학을 통해 우리는 바울이 전형적인 메르카바 merkabah 체험의 모든 요소를 경험했다고 추론할 수 있다.

인간 형상으로 나타나신 하나님

메르카바 체험에서 가장 중요한 주제는 하나님을 인간의 형상으로 볼 수 있는 것이다.[4] 구약 시대부터 하나님은 인간에게 직접 모습을 드러내지 않으시고 인간의 모양을 통해 나타나셨다. 태초에 하나님의 형상대로 인간을 창조하였다는 것은 창 1:26 하나님이 인간 형태로 나타나실 수 있다는 말이다. 하나님은 출애굽을 인도하실 때 사자 messenger 의 모습으로 등장하셨다 출 23:21.

에스겔은 자신이 경험한 보좌 환상을 통해서 궁창 위에 있는 보좌 위에 사람의 모양을 한 형상이 앉아 있는 것을 목격한다 겔 1:26. 하나님은 영원하시고 무소 부재하시기에 인간에게 보이지 않기 때문에 인간의 모양으로 인간에게 다가오시는 것이다. 에스겔서에서 사용되는 '영광'이라는 단어는 하나님의 임재를 묘사하기 위하여 선택되었다. '모양'이라는 단어를 사용한 이유는 하나님 체험이 일상적이지 않고 환상을 통해서만 가능하기 때문이다. 에스겔은 보좌 위에 있는 하나님의 영광의 모습 또는 이미지를 보았다.

에스겔이 전해준 메르카바 전승을 따라 하늘에 오른 바울은 하늘 보좌에 앉은 인간 형상을 한 하나님이 바로 예수임을 깨달음으로써, 자신이 경험한 예수의 부활과 승천을 새롭게 해석한다. 묵시문학 전승에 따르면 역사의 종말에 천상의 존재인 인자 같은 이가 하늘 구름을 타고 옛적부터 항상 계신 이에게 나아가 권세와 영광과 나라를 받으며 최후의 심판자로 선다(단 7:13-14). 바울은 이 천상의 존재인 인자가 바로 예수임을 확인한다. 시편 110편에 따라 부활하신 예수께서 이제 하늘에 올라 주와 그리스도가 되셨다. 바울은 예수를 하나님의 나타나심으로 고백한다. 바울은 이 고백에 이어서 통해 그리스도는 하나님의 형상이시되(고후 4:4), 보이지 않는 하나님의 형상이시며(골 1:15), 근본 하나님의 본체이심(빌 2:6)을 확인한다.

바울이 여러 번 언급한 성도들의 변화는 자신이 승천 체험을 통해 깨달은 것이다. 승천 전승을 통해서 바울은 하늘에 오른 체험자들이 하나님의 형상을 가진 천사 같은 모양으로 바뀌게 될 것을 깨닫는데,[5] 바울은 이것을 영화(glorification)라고 묘사한다.[6] 바울은 기독교인들이 장차 이렇게 변화될 것을 확신한다. 하나님은 미리 아신 자들을 아들의 형상을 본받도록 정하셨다[롬 8:29]. 예수는 만물을 자기에게 복종하게 하실 수 있는 자의 역사로 우리의 낮은 몸을 자기 영광의 몸의 형체와 같이 변하게 하시는 분이다[빌 3:21]. 믿는 자들은 흙에 속한 자의 형상을 입은 것 같이 또한 하늘에 속한 이의 형상을 입을 것이다[고전 15:49]. 장차 믿는 자들은 주의 영광을 보고 주의 영으로 인하여 주와 같은 형상으로 변화하여 영광에서 영광에 이를 것이다[고후 3:18].

환상 체험

바울의 거룩 체험은 회심과 승천 체험으로 끝나지 않았다. 이후에도 바울은 위기 때마다 구약 예언자처럼 환상과 말씀을 통해 하나님의 인도를 받았다. 바울은 소아시아에서 말씀을 전하다가 말씀을 전하지 못하게 되어 비두니아로 가려고 애썼지만, 예수의 영이 허락하지 않았다[행 16:6-7]. 그가 무시아를 지나 드로아에 내려갔을 때 환상[호라마]을 보았다. 환상 중에 바울은 마게도냐 사람이 그에게 요청하는 말을 들었다. “마게도냐로 건너와서 우리를 도우라”[행 16:9]. 바울은 이 환상을 보고 곧장 마게도냐로 떠날 시도를 했다. 바울은 환상을 통하여 하나님이 마게도냐 사람들에게 복음을 전하라고 자신들을 부르신 줄로 이해했다[행

16:10. 바울은 구약에 나타난 말씀뿐 아니라, 그가 직접 받은 환상을 하나님의 계시로 받아들이고 순종하였다.

한번은 고린도에서 유대인들에게 말씀을 전할 때 유대인들이 그를 대적하여 비방하자, 바울은 거기서 옮겨 하나님을 경외하는 디도 유스도라는 사람의 집에 들어가서 예수를 전하는 가운데 환상을 경험했다. 그 환상은 이 성 중에 하나님의 백성이 많아서 바울을 해롭게 할 사람이 없을 것이기 때문에 바울이 절대로 두려워하지도 말고 침묵하지 말고 말하라는 것이었다행 18:9-10. 바울은 환상을 통해 받은 말씀을 하나님의 계시로 여기고 순종했다. 바울은 하나님의 말씀만이 아니라 환상도 순종해야 할 계시로 여긴 것이다.

성전 환상

학자들은 고린도후서 12장에 나타나는 바울의 승천 체험을 사도행전 22장에 나타나는 성전 환상과 같은 종류로 여긴다.[7] 바울이 경험한 성전 환상은 특별히 땅의 성전에서 하늘 보좌를 경험한 사건이었기 때문에 구약의 보좌 환상과 유사하다.

> 후에 내가 예루살렘으로 돌아와서 성전에서 기도할 때에 황홀한 중에 보매 주께서 내게 말씀하시되 속히 예루살렘에서

나가라. 그들은 네가 내게 대하여 증언하는 말을 듣지 아니하리라 하시거늘 내가 말하기를 주님 내가 주를 믿는 사람들을 가두고 또 각 회당에서 때리고 또 주의 증인 스데반이 피를 흘릴 때에 내가 곁에 서서 찬성하고 그 죽이는 사람들의 옷을 지킨 줄 그들도 아나이다. 나더러 또 이르시되 떠나가라. 내가 너를 멀리 이방인에게로 보내리라 하셨느니라 [행 22:17-21]

이 체험은 바울이 예루살렘에 가서 유대인들과 천부장 앞에서 자신의 회심과 함께[행 22:1-16] 진술한 것이지만, 회심 사건과는 다른 체험이다. 왜냐하면 이 체험은 땅의 성전에서 하늘의 성전에 있는 하나님의 보좌를 체험하는 형식을 취하기 때문이다. 이 환상은 바울의 사역 방향을 유대인으로부터 이방인으로 전환하는 하나님의 계시가 된다. 원래 바울은 회심 때 아나니아를 통해 이방인 선교 사명을 받았다[행 9:15-16]. 그러나 바울은 이 사명의 의미를 깨닫지 못하고 회심 직후부터 유대인들에게 복음을 전했다. 하지만 계속되는 핍박을 받고 좌절한 후[행 13:45; 14:2, 19-20] 바울은 이방인 선교로 방향을 바꾸었다. 이 성전 환상에서 바울에게 "예루살렘에서 나가라"고 하는 말씀은 유대인을 떠나라는 말씀으로 이해되고, "내가 너를 이방인에게로 보낸다"는 말씀은 바울의 사명이 유대인 선교가 아닌 이방인 선교라는 것을 다시 확인시켜주는 것이다.

사명과 관련된 바울의 성전 환상은 이사야의 소명 체험과 유사하다. 바울은 자신의 체험을 이사야 6장의 빛 아래서 해석한다. 이사야가 땅의 성전에서 하늘에 계신 하나님의 임재를 체험한 것처럼[사 6:1-4], 바울은 성전에서 기도할 때 황홀한 중에 하나님의 임재를 체험한다. 이어서 "내가 누구를 보낼까?"라는 하나님의 질문 앞에 이사야는 나를 보내 달라고 하나님께 응답하고[사 6:8], 이사야는 결국 완고한 이스라엘 백성에게 보냄을 받는다[사 6:9-13]. 바울은 처음에 유대인 선교를 의도했지만, 유대인들의 격렬한 반대를 겪은 후에 이방인들을 향한 선교로 전환한다.

랍비 유대교에서 기독교로

바울의 회심과 승천 체험은 바울이 랍비 유대교로부터 기독교로 전환하게 만든 결정적인 힘이었다. 그는 그리스도로 인해 변화되어 신약의 처음 시대를 살아가면서, 신약에 나타나는 예수 그리스도 사건의 빛 아래서 구약성경을 해석하는 해석학적인 전환을 이루었다. 신구약 중간사 시대에는 유대교의 여러 종파가 구약성경을 다양하게 해석했다. 원래 이스라엘은 포로기 이전까지 성전 중심의 종교였다. 이스라엘 백성은 하나님이 은혜로 주신 가나안 땅에서, 하나님이 택하신 다윗 왕조의 통치 아래, 일 년에 세 번 하나님이 거하시는 예루살렘 성전에 올라가서 제사 제도를 통해 하나님이 임재하시는 하나님의 나라를 경험했다.

즉, 솔로몬 성전-가나안 땅-왕-제사 제도 등이 포로기 이전의 이스라엘 종교의 중요한 유산들이었다. 그러나 이스라엘은 포로기를 통해 성전 파괴, 다윗 왕가 종식, 가나안 땅 상실을 경험하였다. 정체성을 잃어버린 이스라엘 백성은 포로 중에 참된 이스라엘이 누구인가라는 질문을 던지면서, 성전 중심의 종교에서 벗어나 안식일, 할례, 음식법 등 토라 중심의 종교 체제로 변화했다.

이스라엘이 포로 생활에서 귀환하여 무너진 솔로몬 성전 대신 제2성전을 지었지만, 이 성전은 솔로몬 성전 같은 권위를 갖지 못했다. 대신 성전과 토라에 근거한 정체성을 주장하는 다양한 종파가 등장하였다. 가장 먼저 등장한 종파는 포로기 이전 예루살렘 성전을 관리하던 사독 계층을 이어받아 제2성전 제사 제도의 기득권을 장악했던 사두개파다. 이들은 보이는 성전의 제사 제도에 기초한 권위를 강조했다. 그러나 제2성전은 솔로몬 성전과 달리 페르시아 제국의 후원 아래 건립되었고, 제2성전을 관리하는 제사장들의 부정부패로 인해 제2성전의 정통성에 의문이 제기되었다. 보이는 성전의 권위 대신 토라를 강조한 바리새파는, 성전법을 변형한 개인 정결법과 윤리적인 계명으로 이루어져 쓰인 토라Written Torah와 랍비들의 권위를 부여하는 구전 토라Oral Torah에 근거하여 자신들이 참된 이스라엘이라고 주장했다. 쿰란 종파는 보이는 성전이나 토라의 권위를 인정하지 않고, 하나님의 백성으로 이루어진 보이지 않는 성전에 기초한 자신들의 공동체만이 선택된 공동체라고 주장하였다. 쿰란 종파의 뒤를 이어 기독교는 인자에 대한 예언이 예수 안에서 성취되었다고 믿으며 보이지 않는 성전인 성도들로 이루어진 공동체를 강조했다.

이와 같이 기원전 200년부터 기원후 70년 사이에 바리새파, 사두개파, 쿰란종파, 기독교 등 다양한 종파가 발전했다. 이들은 모두 구약성경에 기초한 해석을 시도한다는 면에서 넓은 의미에서 유대교에 포함된다.[8] 기원후 70년 제2성전이 파괴된 이후에는 다양한 종파 중 랍비 유대교와 기독교만 살아남았다. 랍비 유대교는 구약성경에서 나타나는 성전과 토라 전승 중에서 개인 정결법과 윤리적 계명으로 이루어진 토라에 대한 순종을 강조했다. 이와 달리 기독교는 묵시문학과 승천 전승의 영향 아래 토라보다 더 권위 있는 새 계시를 받아들이고, 구약에 계시된 인자 전승이 예수 안에서 성취되었다고 고백했다. 기독교는 예수가 승천해서 하나님의 보좌 앞에서 받은 새 계시가 모세가 받은 계시보다 더 권위 있다고 믿었다. 그리하여 예수 사건은 구약성경을 해석하는 출발점이며 신약성경 형성의 중심이 되었다. 이제 참된 성전은 보이는 성전이 아니라, 예수 그리스도를 머리로 하고 성도들을 몸으로 하는 신앙 공동체로서 보이지 않는 성전이다.

신약 시대

바울의 회심과 승천 체험은 예수의 빛 아래서 구약성경을 해석하는 신약 시대를 열었다. 바울은 회심 체험을 통해 구약에서 계시 된 메시아가 바로 예수라고 인식했으며, 승천 체험을 통해 하늘 보좌에 올라 보좌에 앉아 계신 인간의 형상을 한 예수를 목격하고, 성도들이 마지막 날에 천사처럼 변화될 것을 확신했다. 바울은 자신이 체험한 거룩의 능력으로 인해 어떤 어려움과 고난 속에서도 다시 만날 그리스도를 사모하고, 모든 그리스도인이 장차 하늘에서 영화롭게 변화될 것을 기대한다. 바울은 랍비 유대교의 열혈 분자였지만, 하나님의 거룩에 사로잡히는 회심과 승천 체험을 통해 철저한 기독교인이 되었을 뿐 아니라, 예수의 정체성을 새롭게 이해함으로써 기독교의 초석을 다졌다.

지금까지 우리는 구약에 나타나는 거룩 전승에 대하여 살폈다. 야곱과 모세의 거룩 체험, 그리고 모세의 지성소 체험에서부터 보좌 환상과 예수의 승천, 그리고 바울의 승천 체험에 이르는 거룩 체험과 거룩전승의 역사였다.

다음 장에서는 개신교의 중요한 유산인 말씀을 통하여 하나님의 임재를 체험하는 방법에 대하여 살펴볼 것이다.

이해를 돕는 질문들 ...

1. 바울의 회심과 승천 체험의 차이점은 무엇인가?

2. 바울의 승천 체험은 바울을 어떻게 변화시켰는가?

3. 랍비 유대교와 기독교의 기원은 어떻게 다른가?

9장

거룩과 말씀

그들을 진리로 거룩하게 하옵소서. 아버지의 말씀은 진리니이다

요한복음 17:17

깔뱅은 개신교의 경건을 성경과 체험의 조화로 인식한다.[1] 객관적인 계시인 성경을 지성적으로 추구하면서도, 형식적인 지식에 머물지 않고 하나님 체험으로 나아간다. 또한 하나님 체험을 강조하면서도 체험이 성서의 한계를 벗어나지 않도록 노력한다. 그렇지만 교회의 역사에서 객관적인 성서와 주관적인 하나님 체험은 조화를 이루기보다는 한쪽으로 치우치는 경우가 많았다. 중세의 신비주의에서는 하나님과의 일치 경험을 추구하면서 내면적 신비 경험을 중요하게 여겼고, 종교개혁가들은 주관적인 종교경험보다는 성서의 가르침에 충실하려고 노력하였다.[2] 바람직한 하나님의 임재 추구는 성경과 조화를 이루어야 한다.

이러한 맥락을 따라 이 장에서는 개신교의 중요한 전통인 말씀을 통한 하나님의 임재 체험에 대하여 살펴보려고 한다. 이때 말씀이란 개인과 공동체가 묵상하면서 하나님의 임재를 경험하는 도구이다. 하나님의 임재를 체험하기 위한 성경읽기를 경건을 위한 성경읽기라고 부르기로 하자. 그동안 학계와 교회를 지배해온 성경연구는 역사비평학의 영향을 받아 본문을 해석하기보다는 본문을 설명하는 데 초점을 맞추었다.[3] 본문의 객관적인 의미와 본문 뒤에 있는 역사의 재건에 초점을 맞추는 사이, 하나님의 임재를 체험하기 위한 경건한 성경읽기는 멀어져 갔다. 경건을 위한 성경읽기는 말씀을 묵상하면서 하나님의 임재 체험으로 나아가려는 시도이다. 하나님의 임재에 대한 체험의 진정성은 말씀의 권위에서 오기에 말씀의 한계 안에서 하나님의 임재를 추구해야 한다.

경건을 위한 성경읽기: 나인성 과부 이야기 누가복음 7:11-17

복음서를 통하여 어떻게 예수의 임재를 경험할 수 있을까?[4] 복음서 묵상을 통해 예수의 임재를 경험하기 위해서는 성경을 객관화하면서 하나님의 초월성을 상실한 시대의 약점을 극복해야 한다. 이를 위하여 과거에 있었던 예수의 사건을 현재화하여 성경을 읽는 신앙인들이 예수를 대면하도록 도와야 한다. 그리하여 복음서에 담긴 예수의 생애와 현실에 서 있는 우리의 간격을 초월하여 지평융합을 이루어야 한다. 상상력을 통하여 과거와 현재의 간격을 메워 살아계신 예수를 대면하게 해야 한다. 그런데 복음서를 읽는다고 저절로 예수의 임재를 경험하는 것은 아니다. 이 방법의 적용을 위하여 두 가지가 필요하다. 첫째로, 먼저 복음이 필요한 자신의 상태나 위기의 상황을 깊이 깨닫고 복음서 안으로 들어가게 한다. 이 단계의 목표는 위기의 현실로 인하여 절망하지 않고, 구세주 되시는 예수로 말미암아 구원 받을 것을 믿고 예수와의 만남을 기대해야 한다. 둘째로, 상상력을 이용하여 예수의 객관적인 역사가 담긴 복음서의 그리스도 앞에 서게 한다. 즉, 독자와 본문의 평행을 극복하고 독자가 본문 안의 예수 앞에 서도록 도와야 한다.

이해를 돕기 위하여 나인성 과부 이야기[눅 7:11-17]를 살펴보기로 하자. 이 본문의 주요 내용은 세 장면으로 볼 수 있다. 첫 번째 장면은 아이의 장례 행렬 뒤에서 울부짖는 과부의 모습이다. 이 장면 하나로 과부의 현재를 이해할 수 있다. 그녀는 남편을 잃은 후 과부로 살면서 가부장적인 사회에서 오랫동안 멸시와 천대를 받으며 살았다. 그녀에게 유일한 희망인 아이를 잘 키워서 남은 삶을 행복하게 살려고 했는데 갑자기 아이가 죽어 버렸다. 아이와 함께 소망을 묻으러 가는 장례 행렬을 따라가면서 과부가 울고 있다. 여인은 고된 인생길에서 길이 없어 탄식하는 모든 슬픈 인생들을 대표한다. 거듭되는 고난 속에서도 버텨왔지만, 아이의 죽음이라는 강펀치를 맞고 희망을 잃어버린 사람의 모습이다. 이 본문을 통해 하나님의 임재를 경험하려면 먼저 과부의 삶의 상황과 자신의 아픈 삶을 동일화하고 슬픔이 가득한 인생에 머물러 깊이 묵상해야 한다.

두 번째 장면은 예수께서 장례 행렬을 멈추고 죽음으로부터 청년을 돌아오게 하시는 장면이다. 희망을 모두 잃어버린 여인 앞에 예수께서 등장하신다. 그분은 아이의 죽음 앞에 절망하는 여인을 불쌍히 여기시며 울지 말라고 하신다. 그분은 가부장적인 사회에서 체면을 위하여 울음을 멈추게 하는 것이 아니다. 아무도 돌아보지 않는 현실에서 나를 향하여 불쌍히 여기시는 주님의 마음이 느껴진다. 약하기 때문에 세상에 짓눌려 넘어진 자를 향하여 내미시는 손길이 느껴진다. 나에게는 예수의 말씀이 이렇게 들린다. 슬프지. 그래. 마음껏 울어도 돼! 속에 있는 한과 슬픔을 남김없이 쏟아버리고, 속에 모든 더러운 찌꺼기를 털어버려. 그리고 나면 내가 너의 눈물을 기쁨으로 바꾸어 줄게. 낙담과 슬픔 가운데 울고 있는 사람을 향한 위로이다. 그렇게 울지 말라고 하시는 모습은 예수께서 이 땅의 모든 아픔과 고통으로 인하여 눈물짓는 사람들 옆에 서서 그들에게 보내시는 따뜻한 위로이다. 예수의 위로는 힘없는 자의 체념에서 나온 위로가 아니라 절망을 희망으로 바꾸는 출발이다. 이제 예수께서 여인을 눈물짓게 한 죽음에 맞서신다. 예수께서 관을 멈추고 죽음에 내어진 청년을 향하여 일어나라고 명하실 때[눅 7:14], 그 명령은 그대로 실현되었다. 아이는 살아났고 예수께서는 죽음에서 돌아온 아이를 과부에게 선물로 주신다. 여인은 아이를 통하여 새 희망을 품는다. 예수를 통하여 죽음에서 생명으로, 절망에서 희망으로 바뀌는 복음의 능력이 나타났다. 죽음은 인간을 넘어지게 만드는 모든 세력의 대장이다. 그 대장인 죽음을 멈추시는 예수께서는 우리의 대장이 되셔서 우리를 둘러싼 모든 위기로부터 우리를 구원하시는 분이시다. 죽음을 멈추시고 우리에게 살아난 아이를 선물로 돌려주시는 구원자 예수를 깊이 묵상하자.

세 번째 장면은 죽음에서 살아 돌아온 아이를 안고 기뻐하는 과부 옆에서 환호하는 무리들, 즉 교회 공동체이다. 교회 공동체는 이 일로 인하여 하나님을 두려워하고 영광을 돌리며, 하나님께서 예언자를 통하여 자기 백성을 돌보신다는 확신을 한다. 사실 예수께서 과부에게 죽은 아이를 돌려준 기적의 목표는 모든 죽은 자를 살리겠다는 것보다는 하나님의 돌보심을 전하려는 것이다. 그렇기에 이 기적을 지켜보는 사람들은 자신들이 죽음 같은 위기를 당할 때 같은 하나님의 돌보심이 있을 것이라는 믿음을 갖게 된다.

경건한 성경읽기를 위하여 본문을 충분히 읽고 이해한 후에 자신의 거룩의 여정에 여인의 삶을 적용해 보아야 한다. 남편을 잃은 것과 같은 어려움의 날들을 돌아보고, 과부가 아들에게 기대했던 희망을 상실한 경험을 깊이 묵상하며 하나님의 위로를 기대한다. 그리고 그 죽음에 맞서서 아들을 다시 살려 나에게 선물로 주시는 예수님의 따뜻한 사랑을 기대한다. 아무도 관심 없는 현실에서 우리를 도우시는 예수님의 품 안에 충분히 거함으로 절망을 이기고 소망의 삶을 살아갈 수 있는 것이다. 하나님은 고난 가운데 있는 자기 백성을 돌보시고 희망을 주시는 분이시다. 교회 공동체는 하나님이 자신들을 도우신 경험을 서로 나누면서 하나님을 더 신뢰하고, 더 격려하며 힘든 시절을 이겨나갈 수 있는 것이다.

경건을 위한 성경읽기: 오병이어 이야기 마가복음 6:34-44

두 번째 복음서 본문으로 마가복음 6:34-44를 살펴보자. 이 본문은 팬데믹 코로나 시대에 하나님의 백성을 위로하시는 하나님을 묵상하도록 돕는다. 첫 번째 장면은, 무리에게 찾아온 위기와 예수님의 계획이다. 빈 들에서 말씀 잔치가 벌어졌다. 온종일 예수님 앞에서 청중들이 모여 말씀을 들으며 영의 양식을 얻었다. 너무나 즐거운 시간이었지만 날이 저물고 식사를 해결해야 할 때가 왔다. 제자들은 당황하지만, 예수께서는 태연하시다. 위기를 바라보는 제자들과 예수님의 자세가 다르다. 제자들은 위기 앞에서 당황하지만, 예수께서는 큰 그림을 그리고 계신다. 예수께서 준비하신 큰 그림은 바로 하나님이 준비하신 풍성한 식탁이다. 처음부터 예수께서는 큰 무리를 목자 없는 양처럼 불쌍히 여기시고 찾아오신 것이다. 예수께서는 이 사건을 통하여 하나님은 당신의 백성을 위하여 풍성한 식탁을 준비하시는 분임을 깨닫게 하려고 하신다. 본문에서 실제로 이 위기가 어떻게 해결되었는가? 때가 저물고, 날이 어두워가서 위기의 그림자가 짙게 찾아왔지만, 배불리 먹고도 12광주리의 떡과 물고기가 넘치도록 남았다. 시편 기자의 말처럼 "저녁에는 울음이 깃들일지라도 아침에는 기쁨이 오리로다"[시 30:5]라는 기억을 남기셨다. 우리가 아무리 눈물 흘리는 어려움을 당할지라도, 우리에게 희망을 주시고 울음을 기쁨으로 바꾸어 우리들을 구원하시는 하나님이시다. 위기 가운데 있는 당신의 백성들을 위하여 풍성한 식탁을 준비하시는 예수께서 우리 곁에 계신다. 우리 인생 가운데 당황하고 힘들 때가 있어도 우리를 위하여 풍성한 식탁을 예비하시는 예수님을 기억하자. 슬픔을 기쁨으로 바꾸시는 하나님의 임재를 사모하자.

둘째 장면은, 예수께서 무리를 위해 준비하실 풍성한 식탁을 위하여 제자들을 참여시키시는 장면이다. 기적이 어떻게 실현되는가? 제자들이 와서 예수께 도움을 요청한다. 제자들의 생각은 이제 모두가 흩어져서 각자 먹을 것을 사 먹게 하자는 것이지만, 그것은 예수님의 방법이 아니다. 그래서 제자들에게 다시 말씀하신다. "너희가 먹을 것을 주라"[막 6:37] 하고 말씀하신다. 너희는 누구인가? 공동체를 사랑하고 책임지는 사람들이다. 공동체를 사랑하면서도 코로나를 핑계로 공동체가 망가지도록 내버려 두면 안 된다. 코로나가 끝날 때까지 아무것도 하지 않으면 공동체는 망가질 대로 망가진다. 자신이 속한 공동체를 살리기 위하여 "제자들이 먹을 것을 준비해야 한다." 그때 제자들이 이렇게 답한다. "우리가 가서 이백 데나리온의 떡을 사다 먹일까요?"[막 6:37] 예수께서는 돈으로 해결하지 않으시고 제자들에게 "너희에게 떡 몇 개가 있는지"를 물으신다. 제자들이 알아보고 떡 다섯 개와 물고기 두 마리를 찾아와서 예수께 드린다. 예수께서는 하나님의 풍성한 식탁을 위해서 제자들이 준비한 것을 사용하신다. 제자들이 가지고 온 떡 다섯 개와 물고기 두 마리가 그들이 준비한 최고이며, 기적의 도구이다. 오병이어를 주께 드리고 나면 이제 하나님께서 일하시는 것을 기대하면 된다. 무리를 위하여 풍성한 식탁을 준비하기 위하여 공동체를 사랑하는 제자들의 최선을 사용하시는 것이다. 예수께서 말씀하신다. 너희가 먹을 것을 주라. 제자들의 오병이어를 통해서 기적은 시작된다. 코로나 같은 위기가 공동체를 무너뜨리려고 할 때마다 기억해야 한다. 너희가 먹을 것을 주라. 무리를 위해 준비하시는 풍성한 식탁을 위하여 연약하고 부족한 우리를 사용하시는 하나님이시다. 내가 속한 공동체에서 위기를 맞이할 때 내가 할 일은 무엇인가? 내가 한없이 부족하고 가진 것이 너무 적어도 나의 최고의 것을 드리면 하나님은 그것을 기적의 도구로 사용하신다. 오병이어를 들고 있는 나에 대하여 자부심을 품고 너희가 먹을 것을 주라는 음성을 묵상해 보자.

셋째 장면에서, 하나님은 마침내 당신의 백성을 위하여 풍성한 식탁을 예비하신다. 하나님은 우리를 배고픈 그대로 두지 않으신다. 이제 풍성한 식탁 준비가 끝났다. 하나님께서 광야에서 베푸시는 풍성한 식탁이 기적이지만, 그 기적이 일상의 일로 보였다. 오십 명, 백 명씩 모여서 떡과 고기를 받아 축제를 벌인다. 제자들이 나서서 섬긴다. 제자들은 그것이 기적이라고 생각하지만, 무리들은 제자들의 일상적인 일이라고 생각한다. 기적은 일상에서 제자들의 섬김을 통하여 무리들에게 전달된다. 예수께서 떡 다섯 개와 물고기 두 마리를 가지사 하늘을 우러러 축사하시면서 어떤 생각을 하셨을까? 이 일을 통해 하나님이 어떤 분이신지를 가르치고 싶으셨을 것이다. 인생의 풍성한 식탁을 준비하시는 하나님께서 오늘 이 시간에 기적을 베풀어주십시오. 장차 천국에서 베풀어주실 풍성한 식탁을 오늘 미리 맛보게 도와주십시오. 그렇게 무리를 위해 기적을 간구하셨을 것이다. 모두

배부르게 먹고도 남은 것은 열두 광주리를 채울 수 있을 정도로 풍성하였다. 광야의 식탁에서 오천 명이나 풍성하게 먹었다. 무리를 위해 일하시는 하나님의 은혜를 깊이 느끼며 하나님은 풍성한 분임을 깨닫는다. 그들은 그 후에도 언제나 위기가 찾아올 때마다 하나님이 주실 풍성한 식탁을 기대했을 것이다. 오병이어 사건은 어느 한 사람이 아니라 하나님의 임재를 사모하는 공동체의 이야기이다. 위기가 찾아오면 하나님이 준비하실 풍성한 식탁을 기대하자. 희망이 보이지 않는 시대에 우리의 오병이어를 통하여 나와 우리가 하나님의 풍성한 식탁의 기적을 경험하는 놀라운 일이 나타나기를 기대하자.

경건을 위한 성경읽기: 시편 읽기 시편 42:1-5

경건을 위한 성경읽기를 위하여 사용되는 또 다른 책은 시편이다. 구약의 다른 책들보다 시편은 하나님을 대면한 개인과 공동체의 체험을 직접 만나도록 돕는다. 인간이 경험할 수 있는 다양한 상황 속에서 하나님을 찾았던 신앙 선배들의 체험이 그대로 담겨 있다. 경건을 위하여 시편을 읽을 때 하나님을 갈망하는 시편 기자들과 독자의 간격을 연결하여 독자가 시편의 상황으로 들어가서 하나님의 임재를 경험할 수 있다. 시편에서 역시 상상력을 통하여 독자가 시편의 자리로 옮겨 하나님을 갈망하는 기도를 드리게 된다. 특별히 자신의 상황과 유사한 상황의 시편을 선택한다면 더 절실한 하나님 체험에 돌입할 수 있을 것이다.

이제 시편 42:1-5를 경건을 위한 성경읽기에 적용해 보자. 이 시편에서 하나님이 없으신 것 같은 위기를 맞이한 시편 기자가 하나님이 임재하셨던 과거 예배를 기억하면서 역설적으로 하나님의 임재를 준비하게 된다. 경건을 위해 이 시편을 읽을 때 독자는 시편 기자의 상황과 현실을 오가면서 시편 기자처럼 위기-기억-회복의 상황이라는 여정을 걸어가게 되는 것이다. 첫째 장면은 하나님의 부재라고 하는 위기의 상황이다. 시편 기자는 오랫동안 신앙생활을 해왔고, 하나님의 임재도 많이 경험한 사람이다. 그런데 지금 그는 하나님의 임재를 잃어버렸다. 신앙인에게 필요한 하나님의 임재는 과거가 아니라 현재이다. 살아계신 하나님의 임재가 아니라면 현재의 위기를 이길 힘이 없다. 본문에서 하나님의 임재를 잃게 만든 장애물은 무엇인지 나타나지 않지만, 그 결과는 알 수 있다. 사람들이 종일 네 하나님이 어디 있느냐고 묻는다. 하도 많이 울어서 내 눈물이 주야로 음식이 될 정도이다. 이 상황 때문에 더 많이 하나님을 찾게 되었다. 살아계신 하나님을 갈망하게 되었다. 총체적인 위기 상황 때문에 마치 사슴이 시냇물을 찾기에 갈급함같이 하나님의 임재를 갈망한다.

둘째 장면은, 하나님의 부재 상황에서 과거 하나님의 임재를 경험했던 때를 기억하는 장면이다. 즉, 살아 계셔서 함께 하셨던 과거의 순간을 기억하는 것이다. 하나님이 없는 것처럼 보이는 상황에서 그는 무엇을 기억하고 마음이 상했는가? 과거 하나님의 임재 경험을 회상하면서 마음이 상한 것이다. 그가 살아계신 하나님의 임재를 경험하였을 때는 개인적으로 조용히 앉아서가 아니라, 공동체의 예배를 통해서이다. 일 년에 세 번 있는 이스라엘의 절기 때에 무리와 함께 예루살렘 성전을 올라갔다. 무리를 하나님의 집으로 인도하면서 하나님의 임재를 기대하였다. 하나님이 기뻐하시는 제사와 성도 간의 교제를 통하여 하나님의 임재를 누렸다. 절기가 끝난 후에는 다시 무리와 함께 집으로 돌아오면서 벅찬 감격으로 하나님의 임재를 음미하였다. 이렇게 하나님의 임재 안에 거하던 날을 기억하는 것이다. 그 언젠가 나를 처음으로 부르셔서 감격한 날, 나와 함께 하신다고 약속하신 날, 예배 가운데 벅찬 감격으로 다가오신 날, 수련회 가운데 모든 공동체 위에 임하신 날, 골방에서 눈물지을 때 나타나셔서 위로하신 날, 그런 날들을 돌아보면서 지금까지 나의 인생을 돌보신 하나님을 기억하고 거기 머문다.

셋째 장면은 다시 현실로 돌아온다. 현실은 아직 아무런 변화가 없이 하나님의 부재로 인한 불안감이 엄습한다. 그 가운데 하나님의 임재에 대한 기억이 남아 있다. 이제 내 안에 하나님의 임재를 기억하는 나와 불안해하는 나 사이에 대결이 펼쳐진다. 하나님의 임재를 기대하는 내가 하나님의 부재에 무너져 불안해하는 나를 향해 승리를 선포한다. 하나님의 부재 가운데 역설적인 확신을 통하여 하나님의 임재를 기대한다. 하나님의 부재를 이겨내는 시편 기자의 목소리를 보여주는 5절을 『새번역』으로 읽으면 다음과 같다. "내 영혼아, 네가 어찌하여 그렇게 낙심하며, 어찌하여 그렇게 괴로워하느냐? 너는 하나님을 기다려라. 이제 내가, 나의 구원자, 나의 하나님을, 또 다시 찬양하련다." 시편 기자는 낙심하고 괴로워하는 자신을 잘 알면서도 거기 머물지 않고 현실을 이기기를 원한다. 아직 하나님의 부재 가운데 있지만, 이미 그는 찬송을 통해 다가올 하나님의 임재를 미리 경험하고 있다.

이 시편은 하나님의 부재를 경험하는 신앙인들이 하나님의 임재로 나아가기 위하여 어떻게 해야 하는지를 보여준다. 하나님의 임재 경험은 영원한 것이 아니므로 늘 우리는 하나님의 부재라는 장애물 가운데 하나님의 임재를 갈망한다. 우리의 현실에서 두 자아가 갈등한다. 하나님의 부재를 현실로 받아들이면서 거기 머물러 불안한 그대로 살아가려는 것과 기억 속에 남아 있는 하나님의 임재를 기억하며 공동체 안에서 찬양하며 역설적으로 하나님의 임재를 기다리려는 자아가 있다. 낙담하여 현실과 타협하는 자아를 극복하며 하나님의 임재를 기다리는 자아가 현재와 미래에 이제 주님과 동행함으로 생명을 누릴 수 있을 것이다.

경건을 위한 성경읽기: 성경 인물 야곱 이야기

경건을 위한 성경읽기의 또 다른 방법은 성경 인물을 전체적으로 다루는 것이다. 성경을 한 장씩 다루는 것보다는 넓게, 그러면서도 책별로 다루는 것보다는 좁게 하되 통일성 있는 이야기를 선택하여 읽는 방법이다. 이 책 3장에서 살펴본 것처럼 야곱이 경험한 거룩의 여정은 다음과 같이 크게 3단계로 이루어진다.

	정 황	사 건	계 시
1	도망자로 고향을 떠나다	벧엘에서 하나님의 임재를 체험하다	꿈과 말씀
2	하란에서 고향으로 돌아오다	얍복강가에서 하나님과 씨름하다	하나님의 사자들
3	도망자로 세겜을 떠나다	다시 벧엘로 올라가 정결해지다	하나님의 말씀

이제 경건을 위해 야곱 이야기를 읽어보자. 경건을 위한 성경읽기는 특히 하나님 앞에 서서 하나님의 임재를 기다리고 누리는 것을 강조한다. 야곱이 변화되어 가는 과정을 중심으로 야곱과 하나님의 만남이 어떻게 발전되어 가는지를 살펴보자. 첫 번째 만남은 벧엘에서 밤을 맞이한 야곱의 모습이다. 야곱은 하나님과 숨바꼭질해 온 사람임을 보여준다. 하나님은 야곱을 뒤

쫓아 가시지만, 야곱은 도망간다. 야곱이 태어날 때부터 하나님은 야곱과 함께 하셨지만, 야곱은 알아채지 못하고 자기 욕심을 따라 살아간다. 아버지의 형에 대한 편애를 겪고 자라면서 생존을 위해 투쟁하는 야곱의 안중에 하나님은 없었다. 그러던 그가 형과 아버지를 속이고 도망자가 되어 벧엘에서 불안한 마음으로 밤을 지새운다. 그 밤에 자신에게 다가온 하나님 앞에서 야곱은 인생의 새로운 출발을 하게 된다. 부족하고 이기심 많고 전투적으로 살다가 자기 꾀에 빠져 위기에 처한 야곱의 상황을 묵상하면 유사한 상황에 선 독자에게 위로가 된다. 누구든지 자기 욕심에 끌려 알 수 없는 나락으로 빠질 때가 있기 때문이다. 생존만을 위해 살던 어느 순간 이 게임을 멈추고 싶을 때가 있다. 탈출구 없는 코너에서 하나님의 말씀을 받는다. 그리고 야곱은 어디를 가나 함께 하시며 역사의 중심으로 세우신다는 약속을 의지하고 고독한 거룩의 여정에 돌입하게 된다.

두 번째 장면은 얍복강 가에서 씨름하는 야곱의 모습이다. 약속을 따라 성실하게 하란에서 수고하였지만 라반으로 인해 어려움을 겪는 야곱의 모습이다. 돌이켜 열심히 노력하기만 하면 전도양양할 줄 알았는데 거듭 속고 살았다. 그럼에도 하나님의 보호 아래 아내와 자녀를 얻고 큰 부를 축적한 야곱이 귀향길에 선다. 그가 밤에 얍복강 가에서 생각한 것은 무엇일까? 무엇 하나 부족한 것 없어 보이지만, 야곱은 에서와 만나야 한다는 위기로 인하여 어쩔 수 없이 하나님 앞에 선다. 얍복강 가는 하나님 앞에 고독하게 서서 그분의 사람이 되는 관문이다. 겉보기에는 좇기는 인생이지만, 그 위기가 하나님 앞에 서라는 하나님의 초청이 된다. 독자는 야곱과 함께 그 밤을 지새우면서 하나님 앞에 나아가 하나님과 대결하며 자신의 자아 속에 숨겨진 이기심과 욕심을 깨뜨리고 하나님의 사람으로 변화되기를 기도한다.

마지막 장면은 야곱이 다시 벧엘로 올라가는 장면이다. 야곱의 자아가 깨어진 후에 이제 가나안에 정착하여 행복한 여생을 계획하였지만, 세겜에서 딸의 강간과 아들들의 살인이라는 위기를 맞이한다. 그는 이 위기가 저절로 생긴 것이 아니라, 가나안에서 자신의 욕심으로 인하여 초래된 위기임을 받아들인다. 야곱은 벧엘로 올라가라는 음성을 듣고 비로소 깨닫지 못했던 현실을 돌아본다. 야곱은 이방 신상을 버리고 정결하게 거룩한 삶을 살기 시작한다. 평생 세상과 싸우며 넘어지고 상처받은 것은 야곱에 숨어 있는 세속적인 욕심 때문이다. 야곱은 숨어 있는 1%의 더러움까지 내어 버리고 거룩한 하나님의 사람으로 살기를 결심한다. 야곱은 겉보기에 화려하고 커다란 업적을 이룬 듯하지만, 숨어 있는 내면의 공허를 직시하고, 이제 아무도 모르는 비밀스러운 허물과 죄악을 내려놓고, 소박하고 정결한 하나님의 사람이 되겠다고 고백한다. 교회의 아버지로 세우신 야곱이 마지막 단계에서 걸어가는 거룩의 여정 가운데 우리가 걸어갈 거룩의 여정이 보인다.

경건을 위한 성경읽기의 추구

경건을 위한 성경읽기는 새로운 방법은 아니다. 이러한 방법은 오랫동안 교회의 전통으로 내려온 것이지만, 최근에 역사비평학이나 교리중심의 성경연구로 인하여 주목을 받지 못했다. 경건을 위한 성경읽기가 추구하는 것은 독자가 성경에서 살아계신 하나님을 대면하는 것이다. 단순히 하나님의 임재를 경험하는 것에 멈추지 않고 그로 인하여 삶의 변화를 기대한다. 성경은 하나님이 다가오셔서 인간을 만지시는 다양한 모습을 보여준다. 초월적인 하나님의 임재 앞에서 인간은 거절, 좌절, 기쁨, 슬픔, 소명, 확신 등 다양한 반응을 보인다. 독자들은 성경의 상황으로 돌아가 유사한 자신의 상황을 대입하며 하나님의 도우심을 기다린다. 기쁠 때와 슬플 때, 평화로울 때와 위기를 맞이할 때, 탄식의 상황, 감사의 상황, 찬양의 상황 등에서 독자는 하나님을 만나 그분의 음성을 듣는다. 경건을 위한 성경읽기를 통하여 우리가 하나님을 대면하고 말씀이 열어주는 길을 따라 신앙의 여정을 걸어가는 것이다.

이해를 돕는 질문들 ...

1. 말씀을 통하여 하나님(또는 예수)의 임재를 어떻게 경험할 수 있는가?

2. 나인성 과부의 이야기에서 예수께서 당신에게 하시는 말씀은 무엇인가?

3. 팬데믹 코로나 시대에 오병이어 사건(막 6:34-44)을 통하여 하나님으로부터 어떤 위로를 받을 수 있는가?

4. 야곱 이야기를 읽고 본인의 거룩 여정에서 어떤 내용에 공감이 가는가?

10장

거룩한 윤리와 경건한 삶

나는 전능한 하나님이라 너는 내 앞에서 행하여 완전하라

창세기 17:1

이 장에서는 거룩한 윤리와 경건한 삶에 대하여 다룬다. 성경에서 거룩한 윤리는 하나님 앞에서 제의적인 정결과 윤리적인 계명을 수행하는 삶을 뜻한다. 개신교에서 말하는 경건한 삶은 하나님 앞에서 이루어지는 거룩한 삶을 뜻한다. 개신교 전통에서 강조하는 경건한 삶이란 교회에서 발견한 새로운 진리가 아니라, 이미 구약과 신약에서 오랫동안 강조해온 전통인 거룩한 윤리와 유사함을 알 수 있다. 거룩한 윤리와 경건한 삶에 대하여 살펴보기로 하자.

거룩한 윤리의 유산

거룩을 경험한 사람이라면 삶으로 거룩을 완성해야 한다. 삶으로 거룩을 완성하려고 할 때 우리는 기독교 역사에서 '거룩한 윤리'의 유산을 재발견해야 한다. 하나님 앞에서 행하는 거룩한 삶을 뜻하는 '거룩한 윤리'는 성경에서 '의'라는 말로 표현되는데, 이는 이신칭의를 의미하는 '의'와는 구별된다. 개신교인들은 '의'라는 단어를 주로 예수를 통해 얻는 칭의에 사용하지만, 구약성경에서는 하나님의 임재를 의식하면서 인간이 행하는 거룩한 삶을 가리킬 때 '의'라는 단어를 사용한다. 즉, 예수를 믿음으로 얻는 '의'와 예수를 믿은 이후에 살아가는 거룩한 삶을 의미하는 '의'는 서로 다르다. 우리가 전자의 의에 익숙하고 후자의 의에 익숙하지 않은 것은 종교개혁 이후의 개신교 전통과 관계가 있다.

루터와 종교개혁자들은 바울을 칭의론의 창시자로 이해한다.[1] 종교개혁자들은 율법의 행위를 완벽하게 시행하여 칭의를 얻는 율법주의에 저항하고, 이와 반대로 오직 예수 그리스도를 믿음으로 말미암아 구원을 얻을 수 있다고 보는 칭의론을 주장하였다. 이처럼 칭의론을 바울 신학의 중심에 두려는 시도는 독일 학계에 지배적이었다. 20세기 초에 바울에 대한 종교개혁적인 견해를 의심하는 연구들이 나타나기 시작하였다. 브레데William

Wrede는 이신칭의가 바울 신학의 중심에 있다기보다는 유대교와의 논쟁 가운데 등장했다고 주장한다. 그는 유대교의 율법주의에 대항하기 위하여 쓴 로마서, 갈라디아서와 빌립보서 이외에는 이신칭의 교리가 등장하지 않음에 주목한다.[2] 슈바이처Albert Schweitzer에게도 이신칭의는 바울에게 보조분화구에 불과하였다.[3] 이들의 연구는 유대교 이해와 바울 신학에 대한 새로운 이해를 촉구하면서 스텐달Krister Stendahl을 거쳐 샌더스E. P. Sanders를 통하여 바울에 관한 새 관점으로 발전한다.[4] 바울에 관한 새 관점 운동은 유대교를 구약과 같은 종교로 보면서 바울이 제기한 유대교 율법주의의 존재 자체를 부정한다. 그러나 이러한 연구가 지향해야 하는 것은 유대교 율법주의에 대항한 바울을 부정할 것이 아니라, 바울의 칭의론이 신약 신학의 일부라는 것에서 출발해야 한다는 것이다. 이러한 연구의 예가 바로 '의'에 관한 연구이다. '의'가 이신칭의의 의미로 여겨지는 것은 유대교 율법주의에 저항한 바울 신학의 일부이며, 실제로 '의'는 구약과 신약의 전승에서 폭넓은 의미가 있다. 그것이 바로 거룩한 윤리라는 의미를 가진 '의'의 전승이다. 이 장에서는 '의'라는 단어 연구를 통하여 개신교인들에게 익숙하지 않은 거룩한 윤리 전승을 회복하려고 한다.

신약에서 '의'디카이오시네가 칭의를 가리킨다고 이해하는 것은 주로 바울의 영향을 받아서이다.[5] 바울의 '의' 사용은 특히 로마서, 갈라디아서, 빌립보서에서 두드러진다. 바울은 아브라함의 믿음이 그에게 의로 여겨진 것창 15:6을 근거로 인간의 의를 하나님이 의롭다고 선포하신 결과로 이해한다. 바울에 따르면 믿음의 의는 율법 준수를 통하여 얻어지는 의와는 다르다. 믿음이란 하나님에게서 오는 의의 선물에 대한 수용이다.[6] 바울이 말하는 의와 다른 의는 마태복음, 누가복음과 사도행전, 그리고 야고보서에서 나타난다.

야고보서는 의에 대하여 바울과 다른 목소리를 내고 있다. 야고보서 는 바울의 주장인 "아브라함이 믿음으로 의를 얻었다"는 주장을 전제한다. 그러나 동시에 아브라함이 아들 이삭을 제단에 바칠 때 행함으로 의롭다고 하심을 받았다고 주장한다[약 2:21-24]. 야고보서는 믿음으로 시작된 의가 행함으로 온전하게 되었다고 말한다.[7] 야고보서는 두 가지 종류의 의를 언급하는 것이다. 야고보서는 아브라함이 믿음으로 의롭게 되었다[창 15:6]는 뜻의 '의'를 전제하면서도, 동시에 행함으로 이루어지는 의를 언급한다. 야고보서는 구약에서부터 전해오는 의의 전승을 알고 있었다. 거룩한 윤리를 가리키는 '의' 개념의 회복을 위해 '의'에 관한 구약과 신약의 다양한 전승을 찾아보자.

의인[짜딕]과 완전[타밈]의 성경적 이해

노아의 홍수 이야기[창세기 6-9장]는 노아를 다음과 같이 소개한다. "노아는 의인[짜딕]이요, 당대에 완전한 자[타밈]라. 그는 하나님과 동행하였으며[할락]"[창 6:9]. 여기에서 노아를 의인이라고 말할 때, 이 의로움은 믿음으로 의롭게 되는 칭의가 아니라, 하나님 앞에서 거룩한 삶을 살아가는 의를 말한다. 또한 노아를 설명하기 위하여 '의인', '완전한 자', 그리고 '하나님과 동행'이라는 세 개의 단어를 사용한다. 이 세 단어는 모두 동의어로써 거룩한 삶을 사는 모습을 보여준다. 그래서 먼저 의와 동의어로 여겨지는 '완전'과 '하나님과의 동행'이 조합된 '행하여 완전한 삶'에 대하여 살펴보려고 한다.

본문에 사용된 완전[타밈]이라는 히브리어 단어는 원래 제의적인 용어로써 제사 지내기에 부족함이 없는 제물에 적용되었고[레 22:21; 9:2; 출 12:5; 민 6:14; 28:19], 점차 사람에게 적용되었다. 사람에게 적용될 때, 이 단어는 완전[또는 흠 없음]으로 번역되면서, 제의적인 정결만이 아니라 도덕적인 정결을 뜻하는 단어가 되었다[창 17:1; 욥 1:1; 겔 28:15; 시 15:2].

완전한 삶을 더 잘 이해하기 위하여 창세기 17장을 살펴보기로 하자. 하나님은 아브람에게 다음과 같이 말씀하신다. "나는 전능한 하나님이라 너는 내 앞에서 행하여[할락] 완전하라[타밈]"[창 17:1]. 이 본문에서 완전[타밈]이라는 단어와 일상적인 삶을 뜻하는 행하다[할락]라는 동사가 함께 사용되면서 "행하여 완전하다"고 번역한다. 이는 곧 일상의 삶에서 하나님을 의식하며 살아가는 삶, 즉 거룩한 윤리를 말한다. 창세기 17장은 다음과 같이 거룩한 윤리의 내용을 함축하고 있다.

첫째, 거룩한 윤리는 하나님의 임재 앞에서 시작된다. 하나님은 스스로 "나는 전능한 하나님이라"고 말씀하실 뿐 아니라, "하나님 앞에서" 행하여 완전하라고 요구하신다. 거룩한 윤리는 전능한 하나님 앞에 서 있다는 코람 데오[Coram Deo]의 의식을 필요로 한다. 거룩한 윤리는 사람을 의식하지 않고, 전적 타자이신 하나님을 의식하며 행하는 것이다.

둘째, 거룩한 윤리는 악으로부터의 정결을 요청한다. 하나님은 아브라함과 언약을 맺으면서 아브라함에게 할례를 요구하신다[창 17:2, 10]. 할례는 신명기에서와 같이 계명에 순종하는 것과는 다른 형식으로 언약에 대한 증표[sign]에 해당한다. 할례를 행하지 않을 때는 하나님의 백성 중에서 끊어지게 된다[창 17:14]고 말하는데, 여기에서 '끊어진다'[카라트]라는 표현은 이스라엘 백성이 제사를 통해 남아 있는 악을 해결하지 못할 때 주어지는 형벌과 유사하다[민 19:20; 레 15:31]. 즉, 할례는 아직 제사 제도가 나타나기 전에 제사의 역할처럼 악으로부터 정결하게 하는 것을 상징한다. 기독교인들에게 할례는 예수의 피와 같이 악과 더러움을 제거하여 흠 없는 상태인 완전을 이루는 데 필요한 절차다. 할례의 목표는 한 번의 정결에 머무는 것이 아니라 계속된 정결을 통하여 하나님의 임재 가운데 거하는 것이다.

셋째, 거룩한 윤리는 행하여 완전한 삶을 통해 생명을 누리게 한다. 행하여 완전하다는 말은 일상의 삶에서 하나님을 의식하며 행하는 윤리이다. 아브라함은 언약을 통하여 이름이 바뀔 뿐 아니라 번성하는 삶을 약속받는다. 아브라함을 통하여 많은 민족과 왕들이 아브라함에게서 나오는 여러 민족의 아버지가 되는 약속을 받는다[창 17:6]. 이는 곧 예수의 피[할례]를 통해 흠 없는 삶을 사는 사람들은 번성하는 생명의 삶을 누리게 된다는 것을 의미한다.

완전한 삶에 대하여 시편에서도 여러 번 언급된다. "나는 그의 앞에 완전하여 나의 죄악에서 스스로 자신을 지켰나니"[시 18:23]. "내가 나의 완전함에 행하였사오며 흔들리지 아니하고 여호와를 의지하였사오니"[시 26:1] "나는 나의 완전함에 행하오리니 나를 속량하시고 내게 은혜를 베푸소서"[시 26:11]. 이 본문들을 읽을 때 완전하게 행한 것에 대한 시편 기자의 확신에 놀라게 된다. 완전이라고 번역한 타밈의 상태가 부족함이 전혀 없는 신적인 완벽함을 의미한다면 그러한 완전은 인간이 결코 도달할 수 없을 것이다. 그런데 시편 기자는 어느 정도의 상태에 이르렀을 때 자신이 완전하다고 평가한다. 문맥으로 볼 때 시편 기자가 말하는 완전[타밈]은 존재론적인 완전을 말하는 것이 아니라, 죄를 해결함으로 흠 없는 상태가 되거나 일시적인 완전 상태에서 하나님의 임재를 경험할 수 있는 잠정적인 상태를 말한다. 잠정적이라고 말하는 이유는 언제든지 인간의 부정을 통하여 완전히 깨어질 수 있기 때문이다.

시편 15편은 성전에 들어갈 수 있는 사람의 자격을 "정직하게[타밈] 행하며[할락] 공의를 실천하며 그의 마음에 진실을 말하며 그의 혀로 남을 허물하지 아니하고 그의 이웃에게 악을 행하지 아니하며 그의 이웃을 비방하지 아니하며"시 15:1-2라고 말한다. 이 구절에서 "정직하게 행한다"는 단어가 곧 '완전하게 행한다'는 의미이다. 본문에서 "완전하게 행하는" 사람은 성전에 들어갈 수 있을 정도로 정결한 상태에 이른 것으로 보고 있다. 이뿐 아니라 '완전히 행한다'라는 말과 함께 사용된 행위 즉, 공의를 실천하거나, 이웃에게 악을 행하지 않는 행위 등은 모두 윤리적인 행위들이다. 즉, 완전하게 행한다는 것은 제의적인 정결과 윤리적인 계명을 함께 실천하는 행동을 말한다.

구약에 나타난 의인

구약에서 의라는 말은 하나님과 백성 사이의 언약적 관계를 담은 용어로써, 언약을 지키는 인간의 순종이 강조된다. 신명기에서는 우리가 하나님이 명령하신 모든 명령을 지킬 때 그것이 우리의 의로움쩨다카이 된다고 말씀하신다신 6:25. 인간이 마땅히 행해야 할 의의 내용에 대하여 제사장 문헌인 에스겔이 진술하는 것은 약간 다르다. 에스겔은 노아, 다니엘, 그리고 욥 같은 사람들은 자기의 공의쩨다카로 자기의 생명만 건질 것이라고 말한다겔 14:14. 또한 에스겔 18장에서 제의적인 율례와 윤리적인 계명을 지키는 자를 의인이라고 말한다. 제의적인 율례는 다음과 같다. "산 위에서 제물을 먹지 아니하며 이스라엘 족속의 우상에게 눈을 들지 아니하며 이웃의 아내를 더럽히지 아니하며 월경 중에 있는 여인을 가까이하지 아니하며"겔 18:6. 이 행위들은 우상숭배 하지 않고, 결혼의 정결과 도덕적 순결을 지킴으로 하나님 앞에서 정결함을 유지하는 것이다. 윤리적인 계명은 다음과 같다. "사람을 학대하지 아니하며 빚진 자의 저당물을 돌려 주며 강탈하지 아니하며 주린 자에게 음식물을 주며 벗은 자에게 옷을 입히며 변리를 위하여 꾸어 주지 아니하며 이자를 받지 아니하며 스스로 손을 금하여 죄를 짓지 아니하며 사람과 사람 사이에 진실하게 판단하며"겔 18:7-8. 이 행위들은 윤리적인 내용으로써 이웃에게 행하는 악을 금하는 명령들이다. 토라에 담긴 이 계명들은 제의적인 계명과 윤리적인 계명을 포함한다. 의인이 누구인가를 규정하는 이 진술이 중요한 이유는 제의적 계명과 윤리적 계명을 지키는 사람을 의인으로 보는 전승이 신약으로 이어지기 때문이다.

시편에서는 의인이 어떠한 삶을 사는지를 강조한다. 의인이라는 단어를 칭의를 얻은 사람보다는 거룩한 삶을 사는 사람에게 사용한다. 의인은 악인과 달리 죄에 저항하고 율법을 묵상하는 자들이며, 하나님은 그런 의인을 인정하시며 그에게 복을 주신다시편 1편. 선을 행하는 자들이 하나도 없는 시대에시 14:3 하나님은 의인의 세대와 함께 하신다시 14:5. 시편 기자는 교만하고 악한 말로 무례히 의인을 치는 자들로부터 의인을 보호해달라고 하나님께 기도

한다[시 31:18]. 의인은 결국 땅을 차지할 것이다[시 37:29]. 의인은 종려나무같이 번성하며 레바논의 백향목같이 성장할 것이다[시 92:12].

누가복음에 나타난 의인의 전승

구약의 전승을 따라 누가복음은 세례요한의 부모인 사가랴와 엘리사벳에 대하여 다음과 같이 진술한다. "이 두 사람이 하나님 앞에 의인이니 주의 모든 계명과 규례대로 흠이 없이[아멤프토스] 행하더라"[눅 1:6]. 이 본문에서 두 사람은 창세기 17장에서 보여준 아브라함처럼 하나님 앞에서 완전하게[흠이 없이] 행하는 사람들로서 의인으로 불린다. 그리고 완전하게 행하는 기준은 에스겔서에서 본 것처럼 제의적인 율례와 윤리적인 계명을 지키는 것이다. 누가복음에 의하면 세례요한의 부모는 구약에서 말하는 의인이요, 흠 없는 사람들이다[눅 1:6]. 예루살렘에 사는 시므온도 의롭고 경건하여 이스라엘의 위로를 기다리는 자였다[눅 2:25]. 이 본문에서 의로운 자와 경건한 자를 동의어로 사용한다. 이 말은 개신교에서 의라는 용어를 칭의를 위하여 사용하는 대신, 거룩한 삶을 위해서는 의라는 단어 대신 경건이라는 단어를 선택했음을 알 수 있다. 나아가서 백부장은 예수의 죽음을 목격하면서 "이 사람은 정녕 의인이었도다"[눅 23:47]라고 말하면서 예수를 거룩한 삶을 실천하는 이상적인 모델로 여긴다. 아리마대 사람 요셉을 "선하고 의로운" 사람[눅 23:50]이라고 말할 때 그를 제의적인 율례와 윤리적인 계명을 철저하게 지키는 의인으로 인정한 것이다.

누가복음의 의에 대한 용례는 사도행전에서도 이어진다. 사도 바울이 바보에 이르러 바예수라 하는 마술사가 총독으로 믿지 못하게 힘쓸 때 이렇게 말한다. "모든 거짓과 악행이 가득한 자요 마귀의 자식이요 모든 의의 원수여 주의 바른 길을 굽게 하기를 그치지 아니하겠느냐"[행 13:10]. 여기에서 의의 반대말은 거짓과 악행이 가득하고, 주의 바른 길을 굽게 하는 것이다. 즉, 의인은 모든 악한 행동에 저항하고 하나님이 기뻐하시는 바른 길을 추구하는 사람이다.

의인과 동의어로 여겨지는 흠 없는 삶은 신약성경에서 기독교인의 삶의 목표이다. 이 땅에서 흠 없이 살 뿐 아니라, 마지막 날에 하나님 앞에서 흠 없이 서기를 기대한다. 바울은 하나님의 자녀들이 흠 없는 자녀가 되기를 요청하고[빌 2:15], 믿는 자들을 향해 거룩하고 옳고 흠 없이 행했다고 칭찬한다[살전 2:10; 벧후 3:14]. 하나님께서 우리를 택하신 목적은 우리가 흠 없게 하시는 것이다[엡 1:4]. 하나님이 가정을 택한 것도 거룩하고 흠이 없게 하시려는 것이다[엡 5:27]. 예수의 죽음도 성도들을 거룩하고 흠 없게 만들기 위함이다[골 1:22]. 예수께서 강림하실 때 모든 성도가 거룩함에 흠이 없기를 원하신다[살전 3:13; 5:23; 유 1:24; 딤전 6:14]. 하나님께서는 우리가 일상에서 한결같이 흠 없이 사는 것, 곧 거룩한 윤리를 통해 거룩한 삶을 살기 원하신다.

하나님의 임재를 의식한 윤리

거룩한 윤리의 전승은 신약으로 이어진다. 마태복음은 예배와 윤리의 조화를 강조한다는 면에서 구약의 성결법전[레위기 17-26장]과 유사하다. 레위기 26장은 계명의 순종을 강조하면서도 하나님의 임재를 전제한다[레 26:3-4, 11]. 이는 곧 윤리가 예배를 대신한다는 말이 아니라 하나님을 의식하면서 윤리를 행한다는 말이다. 레위기 19장은 전형적인 예배와 윤리의 조화를 보여준다. 19장에서 거룩은 인간에게 주어진 명령이다. "너희는 거룩하라. 이는 나 여호와 너희 하나님이 거룩함이니라"[레 19:2]. 이 구절에서 하나님의 거룩과 인간의 거룩은 다르다. 인간이 거룩하게 산다고 해서 거룩의 근원이 아니다. 다만 하나님을 통하여 거룩을 경험한 이후에 인간이 일상에서 거룩하게 살아갈 수 있는 것이다[출 19:4-6; 신 7:6-8]. 이러한 거룩한 삶은 예배[제의]와 윤리의 균형 가운데 하나님을 의식하는 윤리를 행한다.

레위기 19:1-18에서 예배와 윤리가 어떻게 균형을 이루는지 살펴보기로 하자. "나는 너희의 하나님 여호와이니라"라는 내용이 일곱 번 반복되면서[레 19:3, 4, 10, 12, 14, 16, 18] 윤리가 하나님의 임재를 의식하면서 하는 것임을 강조한다. 계명의 내용은 부모 경외를 시작으로[레 19:3상], 안식일 준수, 우상숭배 금지, 화목제물 등의 제의적인 내용레 19:3하-8과 약자와 가난한 자를 향한 사랑의 실천과 악한 행동을 금하고, 원수 사랑에서 절정에 이르는 윤리적인 내용레 19:9-18으로 구성된다. 제의적인 내용은 하나님을 향한 경건의 내용이며, 윤리적인 내용은 이웃사랑을 강조한다.

마태복음은 레위기에 나타난 예배제의와 윤리의 균형을 강조한다. 제자들의 윤리를 강조하는 산상수훈에서 다음과 같이 온전함을 강조한다. "그러므로 하늘에 계신 너희 아버지의 온전하심텔레이오스과 같이 너희도 온전하라텔레이오스"마 5:48. 이 구절에서 온전함이란 구약에서의 완전을 뜻하는 것으로[8], 온전하라는 명령은 단순히 제의적인 정결만이 아니라 제의와 윤리의 균형을 강조하는 명령이다. 예수께서 부자 청년에게 말씀하신다. "네가 온전하고자 할진대텔레이오스 가서 네 소유를 팔아 가난한 자들에게 주라"마 19:21. 이웃사랑을 실천하여 온전함을 이룸으로 하나님의 임재를 경험할 수 있는 것이다. 마태복음은 또한 예배 전에 형제에게 원망들을 만한 일이 생각나거든 먼저 화목하고 나서 예배를 드리라고 말함으로마 5:23-24 예배와 윤리의 균형을 강조한다. 마태복음은 또한 하나님의 뜻을 따라 제의적인 정결과 윤리적인 선행을 행하는 사람을 의인이라고 말한다. 제자들이 천국에 들어가기 위해서는 그들의 의가 서기관과 바리새인의 의보다 더 나아야 한다마 5:20. 하나님이 기뻐하시는 의, 곧 거룩한 삶을 추구해야 하는 것은 제자들이나 서기관과 바리새인 모두에게 요구된다. 이러한 의는 개인이 사람 앞에서 자랑하기 위함이 아니라, 하나님 앞에서 행하는 것이다[마 6:1].

윤리를 통해 하나님의 임재를 경험하는 것은 마태복음의 마지막 심판장면에서 다시 나타난다[마 25:31-46]. 인자가 왕으로서 마지막 때에 영광의 보좌에 앉아서 심판할 때에 영생에 들어갈 의인들과 영벌에 들어갈 악인을 나눈다. 인자가 의인들에게 말한다. "너희는 내가 주릴 때에 먹을 것을 주고, 목마를 때에 마시게 하고, 나그네 되었을 때에 영접하고, 헐벗었을 때에 옷을 입히고, 병들었을 때에 돌보고 옥에 갇혔을 때에 와서 보았다"[마 25:35-36]. 당황한 의인들이 언제 우리가 그렇게 했느냐고 물을 때 인자가 대답한다. "너희가 여기 내 형제 중에 지극히 작은 자 하나에게 한 것이 곧 내게 한 것이니라"[마 25:40]. 본문에서 영생에 들어갈 사람들을 의인이라고 부름을 주목해야 한다. 영광의 보좌에 들어갈 사람들이 그동안 살아온 삶이 의인의 삶이고, 의인으로 살아가는 것이 영생의 기준이 된다. 의인들이 지극히 작은 자에게 한 것이 곧 인자에게 하는 것과 같다고 말한다. 하나님은 곁에 있는 지극히 작은 자에게 선행을 하는 의인들과 함께 하신다. 사람들은 이웃사랑이라는 윤리를 통하여 하나님의 임재를 경험할 수 있다.

영성과 경건의 성경적 이해

앞에서 본 것처럼 성경은 의인과 경건한 자를 동의어로 봄으로[눅 2:25], 개신교가 거룩한 삶이라는 의의 전승 대신 거룩한 삶의 내용을 경건이라는 용어에 담은 것을 알 수 있다. 그래서 끝으로 거룩한 삶과 관련된 영성과 경건에 관하여 다루고자 한다. 영성이라는 단어는 원래 바울 서신에 나오는 "영"[프뉴마]이라는 명사와 "영적인"[프뉴마티코스]이라는 형용사를 번역하면서 나타난 것으로, 원래는 바울 신학에서 '성령의 능력 안에서 사는 삶'이라는 의미로 사용되었다.[9] 그런데 교회의 역사에서 영성은 다른 의미를 갖게 되었다. 영성은 물질세계와 구별되는 영의 세계, 즉, 반[反]물질을 뜻하는 용어로 사용되었다. 더 나아가 영성은 인격적이고 감성을 동반하는 경험적 차원의 관계를 지칭하는 단어로 사용되며 지성을 경멸하는 감성적 열광주의나 인간의 의지적 활동을 무시하는 말로 사용되기도 했다.[10]

그러나 영성이라는 말은 구약성경에서 하나님을 갈망하는 인간 존재를 드러낸다. 인간은 다른 동물처럼 땅의 흙으로 만들어진 생물이지만["네페쉬 하야", 창 2:19], 하나님이 인간에게 생기를 넣어주셨다는 면에서 다른 동물들과 다르다[창 2:7]. 즉, 인간 안에는 하나님과 소통할 수 있는 영이 존재한다. 구약성경에서 말하는 인간은 흙으로 이루어진 육과 하나님의 숨으로 이루어진 영으로 구성되어 있고, 영과 육을 분리하지 않고 전인적인 존재로 이해한다. 인간을 대조적인 두 실체인 몸과 영혼이 결합된 것으로 보면서 영이 몸으로부터 해방되는 것을 구원으로 여기는 그리스 철학과 성경적인 인간 이해는 대조를 이룬다. 구약성경에서는 육과 영의 불가분리성을 강조하지만, 인간이 죽을 때 영이 육을 떠나 하나님께 가고, 마지막 때에 몸의 부활을 통해 영이 몸과 하나가 될 것으로 이해한다.[11] 즉, 인간은 육과 영으로 이루어진 전인적인 존재로서, 영을 통하여 하나님과 소통하는 존재라는 정체성을 가지고 있다. 동시에 육 없는 인간은 상상할 수 없으며, 인간은 육체의 한계 안에서 하나님과 소통하는 영적인 삶을 누리는 존재이다. 영성은 바로 육 안에 있는 존재가 영을 통하여 절대자를 향해 드러내는 갈망이다. 이처럼 영성은 하나님과의 관계를 강조한다. 다만 개신교적인 영성을 강조하기 위해서 경건이라는 단어가 선호된다.

구약에서 경건이라고 번역한 단어는 하시드[12]경건한 자로써 하나님과 백성들을 향하여 헤세드를 실천하는 사람이라는 뜻에서 악인과 구별되는 자를 뜻하고, 차츰 신실한 이스라엘 백성을 뜻하는 단어로 변화되었다. 구약에서 경건한 자는 하나님과 사람에게 헤세드를 실천하는 사람으로서 악에 저항하는 하나님의 백성이라는 뜻으로 사용된다, 경건이라는 단어를 사용하지 않았지만, 경건에 가까운 단어는 타밈완전, 흠 없음이라는 단어이다.[13] 흠 없는 자는 하나님 앞에 서 있는 자로서 제의적인 정결과 윤리적인 정결을 행하는 자이다. 이러한 전통은 신약에도 이어진다. '의'와 '경건'을 동의어로 봄으로써 경건한 사람은 하나님 앞에서 제의적인 정결과 윤리적인 정결을 함께 행하는 사람을 뜻한다. 경건을 위한 중요한 실천으로는 악에 저항하는 정결함, 기도, 금식, 그리고 구제 등이 있다. 경건은 또한 흠 없음이라는 용어로 표현되기도 한다.

신약에서 구약전승 이외에 경건이라는 용어[유세베이아/유라베스]가 그리스의 영향 아래 발전되고 사도행전, 목회서신[디모데전후서, 디도서], 그리고 베드로후서에서 기독교적인 의미로 사용되었다. 경건이라는 단어가 사용된 예를 정리하면 경건의 내용, 경건의 유사품, 그리고 경건의 모양을 넘어선 능력 등으로 나타난다.[14] 경건의 내용은 예수 그리스도 사건 안에 나타난 객관적인 계시이다. 경건의 유사품으로 우리가 조심해야 할 것으로 영지주의와 육체의 훈련, 그리고 경건의 내용을 더하거나 빼고 잘못 해석하는 모든 경우가 있다. 마지막으로 경건의 모양에 머물지 말고 경건의 능력을 강조한다. 경건이 하나님의 임재를 상실한 율법주의에 빠지지 않기 위해 반드시 전제해야 할 것은 바로 경건을 가능하게 하는 하나님의 임재이다.

이러한 연구에 기초하여 경건을 다음과 같이 정의할 수 있다. 경건이란 피조물이 초월적인 하나님을 대면하는 살아있는 경험을 기대하면서, 객관적인 말씀과 주관적인 하나님 체험의 균형 아래, 하나님의 임재를 준비하고 사람을 향한 사랑을 실천하는 것이다. 경건의 실천 요소로써 하나님을 향한 요소와 사람을 향한 요소가 있다. 하나님을 향한 경건은 하나님의 임재를 준비하고 소리와 같이 사라지는 행위들이다. 이를 위하여 악에 대하여 적극적으로 저항하고, 예수의 피로 죄를 씻으며, 정결을 위하여 1%의 악함과 더러움으로부터 자신을 구별하여 깨끗하게 하는 노력을 한다. 나아가서 적극적으로 하나님의 임재를 경험하기 위하여 찬송을 부르고, 말씀을 읽고, 묵상하며, 기도한다. 부지런히 예배를 참석하고 공동체 안에서 삶을 나눈다. 둘째로, 사람을 향한 경건은 수평적으로 사람을 향하여 선행을 실천하는 것이다. 하나님으로부터 오는 능력을 힘입어 이웃사랑을 실천함으로 그리스도의 향기를 드러내고, 빛과 소금의 역할을 감당하는 것이다.

하나님 앞에서 행하는 거룩한 윤리

우리는 지금까지 구약에서 시작된 거룩한 윤리의 유산을 살펴보았다. 거룩한 윤리란 하나님 앞에 거룩한 삶을 추구하는 것이다. 거룩한 윤리는 구약과 신약시대를 사는 사람들에게는 일상적이었다. 성경은 일상에서 거룩한 삶을 추구하는 사람을 행하여 완전한 사람, 의인, 또는 하나님과 동행하는 사람이라고 표현한다. 완전이라는 말은 곧 완벽하다perfect는 뜻이 아니라, 하나님 앞에서 하나님이 받으실만한 순간적으로 온전한 상태에 이름을 말한다. 성경은 의인과 악인을 단지 믿음으로 구분하지 않고 삶으로 구분한다. 거룩한 삶을 사는 사람을 의인이라고 부르고 악인과 구분한다. 거룩한 삶을 추구하는 사람들은 삶과 하나님의 임재를 연결한다. 거룩한 삶을 추구하는 사람들은 경건하게 사는 사람들이다. 그들은 두렵고 떨림으로 하나님의 임재를 기대하며 경건을 실천한다. 하나님 앞에서의 경건은 하나님을 의식하면서 죄에 저항하고, 죄를 고백하고, 회개하고, 말씀과 기도로 하나님을 가까이하는 것이다. 사람을 향한 경건은 이웃을 향하여 사랑을 실천하는 것이다. 거룩한 삶은 곧 하나님 앞에서 하나님을 의식하면서, 하나님을 향한 경건과 사람을 향한 경건을 실천하는 삶인 것이다.

지금까지 거룩한 윤리와 경건한 삶에 대하여 살펴보았다.

다음 장에서는 거룩의 또 다른 실천의 요소인 거룩한 땅에 대한 내용이다. 특히 팬데믹 시대에 대두되는 땅의 주제를 거룩과 관련하여 살펴보기로 하자.

이해를 돕는 질문들 ...

1. 창세기 17장에 나온 "행하여 완전하라"의 뜻이 무엇인지 설명해 보자.

2. 노아에 대한 진술을 통해 거룩한 윤리를 설명해보자. "노아는 의인이요, 당대에 완전한 자라. 그가 하나님과 동행하였으며" (창 6:9).

3. 레위기 19장과 마태복음에 나타난 예배와 윤리의 균형이 무엇인지 설명해 보자.

4. 거룩한 윤리와 개신교에서 강조하는 경건에 대하여 말해보자.

11장

거룩한 땅

내 이름으로 일컫는 내 백성이 그들의 악한 길에서 떠나 스스로 낮추고 기도하여 내 얼굴을 찾으면 내가 하늘에서 듣고 그들의 죄를 사하고 그들의 땅을 고칠지라

역대하 7:14

마지막으로 땅을 거룩과 관련하여 다루려고 한다. 땅에 대한 견해는 신학적 입장에 따라 다르다. 땅이 인간의 지배 대상인 피조물임을 강조할 때 인간은 땅을 마음대로 남용하고 파괴할 위험이 있다. 반대로 땅을 하나님의 피조물로 인식하지 않는다면 땅을 신성화할 위험이 있다. 땅의 신학을 제대로 이해하려면 하나님, 인간 그리고 땅의 바른 관계로부터 시작해야 한다. 인간은 우주의 중심이 아니라 땅에 의존된 피조물로서, 땅을 정복하고 다스리는 책임을 부여받았다. 땅은 창조주이신 하나님이 임재하시는 피조물로서, 생물이 살아갈 수 있는 생명의 터전이다. 이 장에서는 코로나 팬데믹을 통해 특별히 드러난 땅의 위기를 돌아보고, 거룩한 하나님의 임재로 가득한 땅의 회복을 위해 필요한 것이 무엇인지 살펴보려고 한다.

코로나19의 충격과 땅의 신학

코로나19가 세계를 충격으로 몰아넣었다. 중국 우한에서 시작된 코로나19가 중국을 넘어 미국과 유럽을 비롯한 세계 각지로 퍼져나가면서 온 세계는 과거 14세기 유럽에서 페스트가 초래한 변화 못지않은 큰 변화와 함께 1929년 대공황에 버금가는 경제적인 충격을 경험하였다. 코로나19를 불러들인 주범은 욕망 충족을 위해 자연에 개입해 온 인간이다. 인간이 경제 개발이라는 이름으로 야생동물들의 서식지를 훼손하고 생태계를 교란함으로 변종 바이러스를 생성시킨 것이다. 그리고 이 바이러스들이 다시 인간 사회를 공격하기에 이르렀다. 코로나19는 인간의 죄에 대한 자연의 역습이다. 이제 인간은 자연을 개발과 남용의 대상이 아니라, 공존의 대상으로 받아들여야 한다.

땅의 위기에 대한 논의는 린 화이트Lynn White, Jr.로부터 시작된다. 그는 오늘날 땅의 위기를 기독교의 책임으로 돌린다. 그는 기독교의 인간중심적 세계관이 자연에 대한 인간의 정복과 지배를 당연한 것으로 합리화함으로써 자연과 물질의 지위를 하락시켰다고 주장한다.[1] 그러나 이러한 위기는 태초부터가 아니라 기술 문명의 발흥 이후 발생한 것이기에 기독교 세계관이 유일한 원인이라고 볼 수는 없다.[2] 오히려 이러한 위기는 자연의 착취를 발판으로 삼는 과학과 기술의 발전만을 추구하는 인간의 오만함에서 비롯된 것으로 볼 수 있다.

비록 땅의 위기를 전적으로 기독교의 잘못으로 돌릴 수는 없겠지만, 성경을 인간의 이야기로만 읽으려는 신명기 편향적 신학의 영향을 전적으로 배제할 수는 없다. 구약성경에서 신명기 신학은 인간의 순종을 강조하는 반면, 제사장 문헌의 신학은 하나님과 하나님이 임재하시는 땅을 강조한다. 과거 서구 신학은 다소 신명기 편향적인 성향을 보였고, 이로 인해 현대 개신교인들은 땅의 거룩에 대해 무지하고 무책임하며 온 땅에 충만한 하나님의 임재를 의식하는 데 다소 부족함이 있었다. 이제 그동안 간과되어 온 땅의 신학을 성경을 통해 확인해 보자.[3]

거룩한 땅

시편 기자는 땅에서 경험하는 하나님의 임재에 대하여 다음과 같이 고백한다.

> 여호와 우리 주여 주의 이름이 온 땅에 어찌 그리 아름다운지요. 주의 영광이 하늘을 덮었나이다 시 8:1

주의 이름과 주의 영광은 여호와와 분리된 실체가 아니라 여호와 자신이다. 시편 기자는 땅과 하늘에 온통 드리워진 하나님의 임재에 감격한다. 땅이야말로 하나님의 임재하심으로 거룩한 곳이기에 가장 정결하게 보존되어야 할 공간이다. 거룩의 근원은 하나님이며, 인간은 하나님에 의해 거룩해지고, 하나님과 인간 사이에는 피조물인 땅이 있다. 거룩하신 하나님이 거하시는 땅은 거룩하며, 인간들이 거룩한 땅에 거할 때 거룩해진다. 땅이 거룩한 이유는 땅 자체 때문이 아니라, 하나님이 거기 거하시기 때문이다. 인간은 하나님이 창조하신 피조물로서 땅의 생물을 다스린다. 땅은 피조물로서 하늘, 바다, 땅의 공간과 그 공간을 채우는 것들로 이루어진다. 인간은 땅을 다스리는 존재이며, 땅은 거룩하신 하나님이 임재하시는 공간이다.

인간과 땅은 밀접한 관계가 있다. 흙으로 만들어진 인간은 땅을 경작하여 땅의 소산을 먹고 살다가 죽으면 생명의 터전인 땅으로 돌아간다. 땅은 하나님이 거하시는 공간일 뿐 아니라, 땅에 거하는 피조물과 인간의 생명의 터전이다. 어항에 있는 물고기를 죽이기 위해서 물고기 자체를 죽일 수도 있지만, 물고기의 터전인 물을 더럽히기만 해도 물고기를 죽일 수 있다. 마찬가지로 인간은 각자 자신의 죄 때문에 죽을 수도 있지만, 더럽혀진 땅에 사는 모든 피조물과 함께 죽음을 맞이할 수 있다. 땅은 인간이 거주하며 다스리는 공간으로써 가정, 교회, 직장뿐 아니라 교육계, 경제계, 정치계, 사회 문화계 등까지 확장하여 땅의 영역을 이해할 수 있다.

땅에 거룩하신 하나님이 임재하시면 생명이 임하고, 땅이 더럽혀져서 하나님이 떠나시면 죽음이 지배하게 된다. 땅에 하나님이 임재하시도록 하기 위해서는 그 땅을 죄와 악으로부터 보호하고 정결하게 만들어야 한다. 땅이 거룩하게 보존되면 하나님이 거하실 수 있고, 하나님이 거하시는 땅에 거주하는 피조물들은 생명을 누릴 수 있다. 반대로 땅을 더럽히고 땅이 정화되지 않다가 임계점에 이르면, 하나님은 땅을 정화하기 위하여 땅으로부터 사람들을 쫓아내신다. 그러므로 인간은 하나님의 임재를 위해 땅을 거룩하게 보존하고 죄와 악으로 더러워진 땅을 정화할 책임이 있다.

그렇다면 땅은 어떻게 더럽혀지는가? 온전하게 창조된 땅창 1:31은 오염을 통해 더럽혀진다. 오염이란 거룩한 상태가 죄와 부정不淨을 통해 더럽혀지는 것이며, 제사 의식이나 정화 과정을 통해서만 회복될 수 있다. 제사장에게는 하나님이 거하시는 성막을 부정으로부터 거룩하게 보존하는 책임이 있다. 제사장은 거룩과 관련된 네 가지 요소인 거룩한 것, 속된 것, 부정한 것, 정한 것을 구별해야 한다레 10:10. 이 중에서 땅을 더럽히는 부정은 단순히 제의적 부정이 아니라,[4] 피를 흘림으로 생명을 죽게 만드는 윤리적 부정이다. 이러한 부정은 실제로 사람의 피를 흘리는 것뿐 아니라, 생명의 원인으로 여기는 남성의 정자를 잘못 사용하는 것도 포함한다. 그리하여 하나님이 정하신 적절한 한계를 넘어선 간음이나 근친상간, 하나님을 섬기지 않고 우상을 섬기는 것, 하나님의 것을 범하는 행위, 나아가서 인간이 행하는 불의까지도 땅을 더럽히는 부정에 포함된다.

땅과 인간 이야기 – 창조

창세기 1장은 땅 이야기[창 1:1-25]와 인간 이야기[창 1:26-31]를 기록하고 있다. 창조 사역의 주체이신 하나님은 하늘과 땅을 창조하시는 분이다[창 1:1]. 창조는 하나님의 말씀으로 이루어지고[창 1:3, 6, 9, 14, 20, 24, 26, 29], 하나님은 창조를 좋다고 여기신다[창 1:4, 10, 12, 18, 21, 25, 31]. 창조의 절정은 인간이 아니라 하나님의 안식이다.[5]

다음으로 하나님의 피조물인 땅에 관한 진술이 이어진다. 땅은 스스로 신적인 능력을 갖춘 것이 아니라, 하나님의 창조 사역을 통해 생물의 탄생과 보존을 위한 터전이 된다. 첫날에는 빛이 창조되고, 넷째 날에는 빛을 발산하는 광명이 창조된다. 둘째 날에는 궁창이 창조되고, 다섯째 날에는 궁창에 사는 새들과 바다에 사는 물고기가 창조된다. 셋째 날에는 땅이 드러나고, 여섯째 날에는 땅에 사는 동물과 인간이 창조된다. 인간을 제외한 피조 세계에는 하늘, 땅, 바다와 같은 공간과, 그 공간을 채우는 광명들, 새, 물고기, 짐승들이 있다.

땅이 드러난 셋째 날부터 주목할 것은 땅의 생명력이다. 뭍이 드러난 이후에[창 1:9], 땅은 하나님의 명령에 따라 주체적으로 창조 활동에 참여한다. 하나님의 명령에 따라 땅은 생명체를 낸다. 땅은 풀과 씨 맺는 채소와 각기 종류대로 씨 가진 열매 맺는 나무를 내고[창 1:11-12], 생물을 종류대로 가축과 기는 것과 땅의 짐승을 냈다[창 1:24-25]. 창조의 주체는 하나님이시고 생명을 내는 것은 땅이지만, 이 생명은 땅으로부터 기인하는 것이 아니다. 하나님의 임재가 가득한 땅에서 생명체들이 하나님에 의하여 생겨나고 하나님에게 의존된 존재가 된다. 땅은 생명의 터전으로서 하나님의 임재를 드러내는 공간이다.

이어서 땅을 다스리는 인간이 등장한다[창 1:26-31]. 인간은 생물처럼 "생육하고 번성하는"[창 1:22, 28상] 복을 받고, 생물들과 달리 "땅을 정복하고 모든 생물을 다스리는"[창 1:28하] 복도 받는다. 특히 정복하고 다스리는 인간의 책임은 고대 근동 지역에서 통치자의 왕권[kingship]이 인간에게 부여되는 것을 의미한다. 하나님의 형상으로 창조된 인간이 왕으로서 하나님이 만드신 생물을 다스리는 지배권을 받은 것이다. 정복은 약탈[exploitation]이 아니라 돌보고[care-giving], 양육[nurturing]하는 의미가 있으며, 권위를 부여받은 왕의 책임과 목자의 책임을 동반하는 개념이다[겔 34:1-4; 시 72:8-14].

창세기 2장은 인간 이야기이다. 하나님께서 땅과 하늘을 만드실 때, 땅은 경작할 인간을 필요로 한다. 하나님은 인간을 동산으로 인도하여 경작하며 지키는 사명을 부여하신다. 인간은 흙으로 만들어진 존재이지만[창 2:7, 19], 하나님이 인간에게 생기를 불어넣었다는 면에서 동물과 다르다.

창세기 3장에서 땅의 저주는 인간이 금지된 열매를 먹지 말라는 명령에 불순종했을 때 나타난다[창 3:17]. 땅을 경작하는 인간의 본래 사명은 타락 이전이나 이후에도 변함이 없다[창 2:5; 3:23]. 그러나 인간이 타락한 이후에 땅은 이전처럼 저절로 열매를 맺지 않고, 인간이 수고해야 소산을 내게 되었다. 인간과 땅의 관계는 창세기 4장에서 더 악화된다. 4장에서 동생의 피를 흘린 가인의 죄는 제사장 문헌에서 가중한 죄로 여긴다.[6] 가인은 피를 흘려 땅을 더럽혔기 때문에, 그 땅에 계속 거하지 못하고 땅에서 떠돌아다니는 존재가 된다[창 4:11-12].

땅과 인간 이야기 - 노아의 홍수

노아의 홍수 이야기에는 땅의 이야기와 인간의 이야기 두 가지가 섞여 있다. 두 이야기는 홍수의 원인과 결과를 다르게 서술한다. 인간 이야기[창 6:5-8; 7:1]에서 홍수의 원인은 인간의 악한 본성이다. "여호와께서 사람의 죄악[라아트]이 세상에 가득함과 그의 마음으로 생각하는 모든 계획[콜 예쩨르]이 항상 악할 뿐임을 보시고"[창 6:5]. 여기에서 "사람의 죄악이 가득하다"는 말은 땅이 인간의 실제 죄로 가득 찼다는 말이다. "모든 계획이 항상 악할 뿐"이라는 말은 인간의 악한 행동 이전에 본성의 악함을 강조하는 말이다. 인간 이야기에서 홍수의 목표는 죄를 지을 뿐 아니라 본성적으로 악한 인간을 땅에서 제거하는 것이다[창 6:7].[7]

땅 이야기[창 6:9-22]는 인간 이야기와 달리, 사람의 내적 선함이나 악함보다는 강포로 인하여 더럽혀진 땅을 강조한다. 하나님이 홍수를 내리기로 하신 것은 땅이 포악함으로 가득 찼기 때문이다창 6:11, 13. 본문에서 사용된 포악함하마스은 살인을 통하여 피를 흘리는 것이다.[8] 인간은 자신의 포악함으로 땅에 피를 흘려 땅을 더럽혔고, 하나님은 포악한 인간을 홍수로 쓸어버리심으로 땅을 정결하게 하신다.[9] 홍수 이후에 땅을 정결하게 보존하기 위하여 피 흘림을 금하는 법을 제정하신다창 9:4-6.

땅과 인간 이야기 - 신명기 28장과 레위기 26장

신명기 28장과 레위기 26장은 모두 복과 저주에 관한 이야기가 담겼지만, 각각 인간 이야기와 땅 이야기를 전개한다는 면에서 서로 다르다. 인간 이야기인 신명기 28장에서 인간에게 복을 내릴지 저주를 내릴지의 기준은 인간이 계명을 준수했는지 여부이다신 28:1. 땅의 이야기인 레위기 26장에서 계명의 실천은 하나님의 임재를 전제한다. "내가 내 성막을 너희 중에 세우리니"레 26:11. 즉, 모든 계명 실천의 중심에는 하나님의 임재 의식이 전제된다. 신명기 28장이 복을 받는 인간을 강조한다면, 레위기 26장은 땅의 복을 더 강조한다. 신명기 28장은 다음과 같이 복을 받는 대상인 "너"를 강조한다. "네 몸의 자녀와 네 토지의 소산과 네 짐승의 새끼와 소와 양의 새끼가 복을 받을 것이며 네 광주리와 떡 반죽 그릇이 복을 받을 것이며 네가 들어와도 복을 받고 나가도 복을 받을 것이니라"신 28:4-6. 반면에 레위기 26장은 다음과 같이 복을 받는 땅을 강조한다. "내가 너희에게 철따라 비를 주리니 땅은 그 산물을 내고 밭의 나무는 열매를 맺으리라. … 너희가 음식을 배불리 먹고 너희의 땅에 안전하게 거주하리라. 내가 그 땅에 평화를 줄 것인즉 너희가 누울 때 너희를 두렵게 할 자가 없을 것이며 내가 사나운 짐승을 그 땅에서 제할 것이요 칼이 너희의 땅에 두루 행하지 아니할 것이며"레 26:4-6.

신명기와 레위기는 포로에 대한 진술에서도 차이가 난다. 신명기에서 포로의 원인은 인간이 계명을 지키지 않았기 때문이다. "내가 오늘 네게 명령하는 그의 모든 명령과 규례를 지켜 행하지 아니하면 이 모든 저주가 네게 임하며 네게 이를 것이니"신 28:15. 포로로 끌려간 백성들이 다시 고국으로 돌아올 수 있는 방법도 계명을 지키는 것이다. "내가 오늘 네게 명령한 것을 온전히 따라 마음을 다하고 뜻을 다하여 여호와의 말씀을 청종하면 … 너를 긍휼히 여기사 포로에서 돌아오게 하시되"신 30:2-3. 신명기와 달리 레위기에서 포로의 원인은 땅을 더럽히기 때문이며, 포로로부터 돌아오는 이유는 땅이 안식을 통해 회복되었기 때문이다. 레위기에 따르면, 유다 백성들이 땅에서 쫓겨나 포로 생활을 하게 된 이유는 그들이 땅을 더럽혀서 땅이 백성을 토해내기 때문이다레 18:24-25, 27-28. 즉, 사람이 피를 흘리는 죄악으로 땅을 더럽혔고, 더럽혀진 땅은 백성을 토해냈다. 레위기에서 백성들이 포로로 끌려간 이유는 땅의 안식을 위해서이다레 26:34-35. 인간이 땅을 더럽힐 때 하나님이 땅에서 떠나시고 땅은 인간을 쫓아내기 때문에, 하나님이 땅에 거하시고 인간이 땅에서 거룩하신 하나님의 임재를 경험하기 위해서는 땅을 정결하게 보존해야 한다.

땅의 회복: 안식년과 희년

더럽혀진 땅을 회복하고 땅의 생명력을 회복하는 방법은 안식일, 안식년, 그리고 희년을 준수하는 것이다. 창세기 1장에서 안식일에 일을 멈추라는 명령은 처음에는 인간을 위한 계명이었지만, 점차 땅과 동물을 위한 규정으로 발전된다신 5:14. 즉, 안식은 인간뿐 아니라 땅의 피조물들을 위한 권리가 되는 것이다.[10] 안식년과 희년은 단순히 땅의 고갈을 막아 땅의 생산성을 보존하려는 근동 지방의 휴경법과 달리, 땅 자체의 휴식을 강조함으로써 하나님의 임재를 준비하게 한다.[11] 안식년은 6년 동안 생명력이 고갈된 땅의 지력을 회복시킨다출 23:10-11; 레 25:1-7. 그러나 안식년과 희년의 역할은 여기에 멈추지 않는다. 구약성경은 인간으로부터 땅을 빼앗고 인간을 땅으로부터 분리하는 것을 사회적 악으로 여긴다. 이러한 사회적 악을 제거하는 첫 시도는 칠 년 만에 찾아오는 안식년에 땅을 회복시키는 것이다. 안식년에 해결하지 못한 악들은 일곱 번의 안식년 후에 찾아오는 희년에

비로소 해결된다. 안식년과 희년은 죄악으로 인해 땅에서 분리된 인간을 다시 땅으로 돌려보냄으로써 인간과 땅을 회복하는 제도이다[레 25:1-7; 레 25:8-34]. 희년 규정에 따르면, 토지는 하나님의 것이며 인간은 땅에 거하는 거류민일 뿐이다[레 25:23]. 땅은 하나님에게 속하여 양도할 수 없기에 희년이 되면 사회적 불의에 의해 땅에서 쫓겨난 사람들을 다시금 땅으로 돌려보내야 한다[레 25:10-11].

이 땅의 황무함을 보소서

고형원이 작곡한 「부흥」이라는 찬양은 다음과 같이 시작한다.

이 땅의 황무함을 보소서
하늘의 하나님 긍휼을 베푸시는 주여
우리의 죄악 용서하소서 이 땅 고쳐 주소서

이 찬양에서 사용된 부흥과 긍휼이라는 단어는 하박국 3:2에서 왔다. "여호와여 주는 주의 일을 이 수년 내에 부흥하게 하옵소서 이 수년 내에 나타내시옵소서 진노 중에라도 긍휼을 잊지 마옵소서"[합 3:2]. 현실의 재앙은 하나님의 진노로 인한 심판 때문임을 받아들이고, 다시금 이 땅의 부흥을 기대한다. 그런데 이 찬양은 황무한 땅을 고쳐 달라고 기도한다. 땅을 고쳐 달라는 기도는 땅에 뿌려진 인간의 죄악을 정결하게 씻고 땅이 다시 생명력을 얻어 하나님의 임재로 가득 차기를 기원하는 것이다. 황폐한 땅을 고쳐 달라는 기도는 역대하 7:13에도 나타나는데, 이 본문은 세 종류의 자연재해를 설명한다. 비가 오지 않아 농사짓기가 어려워 백성이 하늘만 바라보고 있다. 메뚜기들이 토산을 먹어 버려서 농사짓는 땅을 황폐하게 만들고 소산을 없애 버린다. 또한 백성 가운데 전염병이 유행하여 사람들이 다 죽어 간다. 이것은 인간이 막을 수 없는 자연재해들이다.

이러한 자연재해가 땅을 황폐하게 한다고 할 때 황폐한 땅이란 무엇을 상징하는가? 삶의 다양한 고통으로 인하여 탄식 소리가 울려 나오는 우리의 삶의 터전을 상징한다. 전쟁과 지진으로 사람들이 생명을 잃고, 홍수와 가뭄으로 굶는 사람이 많아지는 상황이다. 끝없는 테러로 수많은 사람이 생명을 잃게 되고, 신종 플루와 코로나19 등 전염병으로 많은 사람이 죽게 되거나 격리된다. 금융 위기 같은 경제적인 위기로 인해 실직자가 늘어나고 많은 가정이 깨어진다. 이와 같은 상황이 땅이 황무해지고 고침이 필요한 상태이다. 땅의 황폐함으로 인해 땅과 사람들이 탄식할 때 하나님은 땅을 치유하시기 위해 중보자들에게 다음과 같은 기도를 요청하신다.

> 내 이름으로 일컫는 내 백성이 그들의 악한 길에서 떠나 스스로 낮추고 기도하여 내 얼굴을 찾으면 내가 하늘에서 듣고 그들의 죄를 사하고 그들의 땅을 고칠지라 대하 7:14

본문에서 말하는 회개는 단순히 자기가 지은 죄에 대한 회개를 넘어 땅의 치유를 목표로 한다. 인간의 죄로 인해 땅이 황폐하게 되었기 때문에 땅의 회복을 위해 인간이 해야 할 일은 악한 길에서 돌이켜 회개하고, 스스로 낮추고 기도하며, 하나님의 얼굴을 구하는 것이다. 회복의 시작은 백성이 악한 길에서 떠나는 것이다. 악을 가까이하지 않고 악을 사모하는 마음을 버려야 한다. 다음 행동은 스스로 낮추고 기도하며 하나님의 얼굴을 찾는 것이다. 하나님의 얼굴을 찾는다는 것은 하나님이 나타나셔서 땅을 고쳐 주시기를 기다리는 것이다.

하나님은 황폐한 땅을 고치기 위하여 중보자들의 기도를 요청하신다. 땅은 하나님이 우리의 생존을 위하여 주신 터전이기에 우리가 땅을 정결하게 보존해야 한다. 땅에 있는 사람들의 죄 때문에 땅이 병들고 황폐해지면, 땅에 거주하며 지키는 자들이 함께 기도하면서 땅을 깨끗하게 만들어야 한다. 하나님의 요청에 따라 우리가 죄를 멀리하고 스스로 낮추어 하나님의 얼굴을 찾을 때, 하나님께서 이 땅을 고치신다.

이 땅을 고쳐 주소서

우리가 거하는 땅을 위하여 땅을 고쳐 달라고 기도해야 한다. 오늘날 우리가 실제로 치유를 위해 기도해야 할 땅은 우리가 사랑하는 터전인 가정, 직장, 학교, 그리고 교회이다. 가정을 지키기 위하여 부모의 책임이 필요하다. 가정이 더러워진다는 것은 어떤 것일까? 부부간에 사랑하지 않고 자주 싸우며, 말과 행동으로 가족 간에 상처를 주고, 자녀의 인격을 존중하지 않고 무시하고 화나게 만드는 것 등이다. 정결하지 못한 가정에서 자라난 아이들은 분노로 가득 차고, 자존감이 부족하며, 다른 사람과 관계 맺는 것을 힘들어하고, 위로를 찾아 세상의 유혹에 쉽게 빠질 수 있다. 부모는 가정에서 하나님을 주인으로 모시고 가정을 정결하게 만들어 외부의 악으로부터 가정을 지킴으로 아이들이 거룩한 땅에서 생명을 누리도록 도와야 한다. 가족들이 학교와 직장에서 돌아오면 보혈의 능력으로 정결하게 하고, 말씀과 기도로 하나님의 임재를 기다려야 한다. 부모는 늘 아이들의 든든한 버팀목이 되어 아이들이 부모를 통해 하나님에 대한 신뢰를 쌓도록 해야 한다.

교회는 성도들의 생명의 터전이다. 교회는 하나님을 주인으로 모시고, 다툼과 허영을 버리며, 자신을 낮추고 서로 섬겨야 한다. 믿는 성도들이 먼저 교회 공동체를 정결하고 따뜻하게 보존한다면 교회를 처음 찾아오는 사람들이 영적으로 더 건강하게 성장할 수 있다. 지친 영혼들이 교회를 찾아와 하나님을 만나고 악에 대해 저항하고 건강한 공동체를 이루기 위하여 중보자로 세우신 사람들의 중보기도가 필요하다.

학교는 자녀들을 위한 귀한 터전이다. 자녀들이 오랜 시간

머무는 땅인 학교를 위해 기도해야 한다. 학교에서 의와 진리가 자라고, 학교가 깨끗한 영이 숨 쉬는 건강한 공동체가 되도록 기도해야 한다. 아이들이 하루 종일 공부하는 땅이 정결하게 되어서 요셉의 꿈을 꾸도록 기도해야 한다. 아이들을 가르치는 권세를 가진 교사들이 학생들을 사랑하도록, 학생들 선후배 간의 관계를 위해서, 기독 동아리를 위해서, 교실에서 왕따가 생기지 않도록, 학생들이 악한 말을 하지 않으며, 학업에 지치지 않고 꿈을 생각하며 공부하도록, 서로 배려하도록 기도해야 한다.

우리는 코로나 팬데믹 시대에 들려오는 땅의 황폐함에 주목하고, 땅의 탄식 소리에 귀를 기울여야 한다. 인간의 죄로 인해 그 회복이 더디고 늦어질 때 믿는 자들이 먼저 회개하고 하나님의 얼굴을 구하며 진정한 하나님의 다스림이 임하도록 간구해야 한다. 우리 안에 회개 운동이 일어나서 땅과 땅에 속한 모든 생명을 치유하시는 하나님의 은혜를 간구해야 한다.

땅에 대한 책임

성경을 인간 이야기와 땅 이야기의 균형으로 읽을 때 하나님과 인간, 그리고 땅의 관계를 바르게 이해할 수 있다. 인간은 우주의 중심이 아니라 땅에 의존해야 하는 존재지만, 또한 땅을 정복하고 생물을 다스리는 책임을 부여받았다. 땅은 생물이 살아갈 수 있는 생명의 터전이다. 땅에 거하는 생명을 통하여 자연의 위대함을 보는 것이 아니라, 오히려 창조주이신 하나님의 임재를 보아야 한다.[12] 그동안 무시되어 온 땅의 이야기를 다시 돌아볼 때, 우리는 두 가지 실천적인 교훈을 얻게 된다. 하나는 하나님이 거하시는 땅을 일방적인 지배와 착취의 대상으로 보지 말고, 더불어 공존하는 대상으로 보아야 한다는 것이다. 특별히 코로나 팬데믹이 초래한 전세계적 위기는 우연이 아니라 이 시대의 가치관과 삶의 양식이 초래한 결과임을 받아들이고 철저히 회개해야 한다. 또한 이로 인하여 백성들이 겪는 아픔을 안타까워하고 함께 울며 이 시대의 위기를 극복하기 위하여 노력해야 한다. 또한 땅의 이야기는 우리의 생명의 터전인 공동체를 돌아보게 만든다. 우리가 거하는 땅인 가정, 직장, 학교, 그리고 교회의 회복을 위하여 중보자로 서야 한다. 우리의 공동체를 정결하고 흠 없는 터전으로 만들어, 공동체에 거하는 모든 구성원이 거룩한 하나님의 임재를 경험하며 생명을 누리며 살아가도록 힘써야 한다. 특히 교회의 본질을 돌아보고 참된 공동체성을 회복하고 거룩한 교회를 향한 하나님의 뜻을 이루어야 한다.

이해를 돕는 질문들 ...

1. 코로나 팬데믹으로 드러난 땅의 위기에 대하여 기독교의 책임이 있다는 주장에 대하여 어떻게 말할 수 있는가?

2. 거룩과 땅은 어떤 관련이 있는가?

3. 하나님, 인간, 그리고 땅의 바람직한 관계를 설명해보자.

4. 내가 속한 땅(가정, 교회, 학교, 직장)에서 거룩을 회복하는 방법은 무엇인가?

에필로그

거룩에 관한 주제로 책을 쓴다는 것 자체가 나에겐 운명적이었다. 하나님께서 나의 인생 여정에서 거룩을 체험하게 하시고, 구약학을 전공하면서 성경을 통하여 거룩에 관한 학문적인 접근을 하게 하셨다. 내가 거룩을 처음 배운 곳은 어머니같이 따뜻한 교회 공동체였다. 이방인으로 하나님에게 이끌려 기독교에 입문하여 교회의 아들로서 교사, 청년부 등의 사역을 통하여 거룩한 하나님을 만나고, 공동체가 거룩한 하나님을 만나도록 돕다가 거룩을 연구하는 자리에까지 왔다. 구약학을 전공하고 박사과정에서 묵시문학을 공부하면서 성경에 담긴 거룩에 관한 풍성한 샘들을 발견하였다. 야곱의 사닥다리, 모세의 지성소 체험, 보좌 환상, 예수의 승천, 그리고 바울의 삼층천 체험 등에서 거룩하신 하나님을 만난 성경 인물들을 목격하고, 나아가서 말씀, 거룩한 윤리, 땅의 신학에 이르는 다양한 거룩에 관한 전승을 찾고 나니 개신교가 걸어가야 할 거룩의 여정에 관한 퍼즐을 맞춘 기분이었다.

이 책은 거룩을 금욕이나 인격적인 훈련으로만 생각하는 오랜 성화전통에도 저항하고, 거룩을 윤리로 바꾸려는 시도에도 저항하고 있다. 개신교는 칭의라는 유산을 재발견하여 1500년 동안 왜곡된 교회사의 물꼬를 초대교회로 되돌리는 데 성공하였다. 하지만 이 시대 개신교의 중요한 화두는 거룩의 회복이 되어야 한다. 개신교는 성경과 교회의 역사에서 그렇게 풍부한 거룩의 유산을 잃어버리고, 칭의와 선행을 강조하면서 하나님의 임재를 강조하는 거룩의 여정을 무시하는 종교가 되었다.

그래서 이 책에서 그동안 개신교가 잃어버린 초월적인 하나님으로부터 오는 거룩의 전승을 밝혀내는 것에 집중하였다. 개인적인 거룩의 경험은 성경의 진술을 이해하는데 큰 도움이 되었다. 그러한 경험을 개인적인 것으로 보거나 감추어야 할 부끄러운 것으로 보지 않고, 적극적으로 교회가 추구해야 할 귀한 유산으로 여겼다. 재발견된 거룩의 유산을 고려한다면, 이제 성경은 개신교가 오랫동안 강조했던 '칭의와 계명'의 관점이 아니라, '거룩과 순종'의 관점으로 보아야 할 것이다.

거룩의 신학을 많이 아는 것보다 더 중요한 것이 있다. 거룩을 추구하기 위해 떨기나무에 붙은 불이 상징하는 하나님의 임재를 평생 간직하며 살아가는 것이다. 자신의 연약함과 악한 본성을 알고 겸손하게 하나님의 임재 안에 거하려고 노력하는 것이다. 거룩은 오직 살아계신 하나님에게서 오는 것이기에 늘 하나님의 임재를 기다리고 준비하고, 하나님 앞에서 거룩을 보존하면서 거룩한 삶을 살아가기 위해서 한결같이 노력해야 한다. 거룩을 추구하는 삶을 계속하게 하는 힘은 언제나 하나님 앞에 서려는 코람 데오Coram Deo에 있다.

평생 가슴에 품었던 거룩에 관한 질문들을 책으로 정리하고 나니 마음의 짐을 조금 덜었다. 책을 쓰기로 결심하고 그동안 내가 쓴 학문적인 글들을 정리해보니 많은 글들이 거룩에 관한 것임을 새삼 느낀다. 이 책은 거룩의 신학과 실천을 향한 첫걸음일 뿐이다. 이 책의 내용에 공감하는 분들이 함께 토론하면서 한국교회가 갱신되는 거룩의 새로운 길들이 열리기를 기대한다.

주 註

1장

1 “비-제사장문헌에서 이스라엘의 거룩은 선택의 결과이다. 제사장 문헌에서 거룩은 이스라엘을 거룩한 대상으로 만드는 하나님의 본성의 방출이다.” Baruch J. Schwartz, “Israel’s Holiness: The Torah’s Traditions,” in M. J. H. M. Poorthuis & B. J. Schwartz, eds., *Purity and Holiness: The Heritage of Leviticus* (Leiden: Brill, 2000), 58.

2 이정석, 『하나님의 흔드심: 칼 바르트의 성화론』 (서울: 새물결플러스, 2010), 201-202.

3 Daniel B. Clendenin, 주승민 역, 『동방 정교회 신학』 (서울: 은성출판사, 1997).

4 J. Pelikan, *The Christian Tradition: A History of the Development of Doctrine*, 5 vols. (Chicago: University of Chicago Press, 1971-1989).

5 모세 오경 중에서 특히 이스라엘 백성들의 제사제도와 관련된 문헌을 제사장 문헌(Priestly Literature)이라고 부르는데 제사장 문헌은 제사법전(Priestly Code)과 성결법전(Holiness Code)으로 이루어졌다. 제사법전의 주요 부분은 성막의 청사진을 제시하고 성막 제작을 완료하는 출애굽기 25-31장; 35-40장, 그리고 제사제도와 정결법과 관련된 레위기 1-16장이다. 또한 창세기, 출애굽기 그리고 민수기 등에 나타나는 여러 구절들이 제사법전에 속한다. 성결법전은 이스라엘 백성의 거룩한 삶을 다루는 레위기 17-26장을 가리킨다.

6 샌더스(E. P. Sanders)로부터 시작하여 던(James Dunn), 라이트(N. T. Wright) 등의 학자들이 주장하는 바울에 관한 새 관점(이하 새 관점으로 지칭)은 기존의 바울 연구를 잘못된 유대교 이해인 율법주의에 근거한 연구로 보고, 올바른 유대교 이해에 근거하여 바울을 새롭게 보자는 운동이다. 이 운동의 선구자적인 샌더스(E. P. Sanders)는 기원전 200년부터 기원후 200년 사이의 유대교 문헌인 외경과 위경을 연구한 결과 이 시대의 유대교의 특징은 언약적 율법주의(Covenantal Nomism), 즉, 하나님은 은혜로 구원하시지만, 은혜로 얻은 구조 안에서 선한 행위에 따른 보응을 얻고, 악한 행위로 인하여 처벌을 받기도 한다고 결론 내린다. 이는 유대교와 구약을 같은 종교로 인

식하는 것이다. E. P. Sanders, *Paul and Palestinian Judaism: A Comparison of Patterns of Religion* (Minneapolis: Fortress, 1977), 543-544.

7 바울에 관한 새 관점에 대한 비판은 다음 글을 참조하라. 배정훈, "유대교 율법주의 연구를 통한 바울에 관한 새 관점의 비판적 이해," 「장신논단」 49:1 (2017. 3), 147-171.

8 천주교회의 교리는 다음의 문헌들을 참조하였다. Peter Toon, *Justification and Sanctification* (Westchester, IL: Crossway Books, 1983), 45-54; Daniel A. Keating, "Justification. Sanctification and Divinization in Thomas Aquinas," in Thomas Weinandy, et al. eds., *Aquinas on Doctrine* (London, UK: T & T Clark, 2004); Michael G. Lawler, "Grace and Free Will in Justification: A Textual Study in Aquinas," *The Thomist* 35 (1971), 601-630. 김병훈, "개혁신학의 구원과 성화: 천주 교회의 입장과 비교함," 박영선 외, 『구원 이후에서 성화의 은혜까지』 (서울: 이레서원, 2005), 117-163에서 재인용.

9 현요한, "성화: 거룩한 습성(habitus)의 형성," 「한국기독교신학논총」 68 (2010. 4), 113.

10 LW, 35: 164-166.

11 Institutes 2.7.7-12, 351-361.

12 J. Wellhausen, *Prolegomena to the History of Ancient Israel*, Scholars Press Reprints and Translation Series (Edinburgh: A. & C. Black, 1885; reprint, Atlanta: Scholars Press, 1994), 35-36, 472-473.

2장

1 "누미노제(Numinose)"라는 단어는 성스러움이라는 뜻으로 독일의 신학자 루돌프 오토(Rudolf Otto)가 사용한 말로 인간이 거룩한 존재 앞에 섰을 때 존재론적으로 느끼는 감정적, 미학적, 직관적 체험이라고 했다. 이 책에서는 전적 타자로 나에게 나타나신 하나님으로 인한 거룩 체험을 누미노제라는 단어를 사용하여 설명하려고 한다. 루돌프 오토, 길희성 역, 『성스러움의 의미: 신 관념에 있어서의 비합리적 요소 그리고 그것과 합리적 요소와의 관계에 대하여』 (칠곡: 분도출판사, 1987).

4장

1 원래 신비주의라는 단어는 숨김이라는 뜻의 '뮈오'에서 유래한 그리스어 '뮈스티코스'에서 왔다. 원래 기독교 신비주의의 기원은 구약성경에 나타난 신비주의 전승과 그리스 신비주의, 그리고 신플라톤 철학이다. 기독교 신비주의는 주로 초월적인 하나님의 개념에서 출발하여, 성경해석을 중심으로 발전하였으며, 성례전의 맥락에서 사용되고, 예수 그리스도 안에서 발견된 숨겨진 의미와 변화를 강조한다. 유재경, "기독교 신비주의와 거룩," 「신학과 목회」 37 (2012), 40-43.

2 특히 청보석(청옥)으로 번역된 단어 "레베나"는 에스겔이 보좌 환상을 묘사할 때 하나님의 임재를 상징하는 단어다(겔 1:26; 10:1).

3 테렌스 E. 프레다임, 강성열 역, 『출애굽기』, 현대성서주석 (서울: 한국장로교출판사, 2000), 387.

5장

1 회막전승은 회막이라는 용어를 사용하는 다음 구절에서 나타난다: 출 33:7-11; 민 11:16-17; 민 12:4-5; 신 31:14-15. 성막은 성소(믹다쉬), 성막(미슈칸) 또는 회막(오헬 모에드)이라고 불렸다. 성막전승은 나중에 회막전승을 흡수하여 회막과 성막을 구별하지 않고 사용한다(출 39:32; 40:2, 6, 29). 특히 성막전승에서 회막을 사용하는 경우는 순수한 제의를 다루는 장들(레위기 1-5장; 6-7장)과 제사장의 임직을 위한 장소를 지칭할 때이다(출애굽기 29장; 레위기 8-9장). Menahem Haran, *Temple and Temple Service in Ancient Israel: An Inquiry into the Character of Cult Phenomena and the Historical Setting of the Priestly School* (Oxford: Clarendon Press, 1978), 260-275.

2 더 자세한 회막전승에 관한 연구는 다음을 참조하라. 배정훈, "출애굽기 33:7-11에 나타난 회막 전승," 「장신논단」 43 (2011), 13-33.

3 이 예언은 초기 예언의 특징인 황홀경(ecstasy)을 동반한 예언 행위를 가리키는 것으로 보인다. 사울이 하나님의 영을 받아 예언 행위로 볼 수 있는 특별한 행위를 한 것이 그 예다(삼상 10:6-13; 19:18-24).

4 Thomas B. Dozeman, *Commentary of Exodus* (Grand Rapids: Eerdmans, 2009).

5 Gregory Beale and Mitchell Kim, 채정태 역, 『성전으로 읽는 성경이야기』 (서울: 부흥과개혁사, 2014), 63-71.

6 성막에 있는 여러 성물(聖物)에 관하여는 다음 책을 참조하였다. David M. Levy, *The Tabernacle: Shadows of the Messiah: Its Sacrifices, Services, and Priesthood* (Bellmawr, NJ: The Friends of Israel Gospel Ministry, 1993).

7 삼상 4:4; 삼하 6:2; 왕하 19:15; 사 37:16; 시 80:1; 99:1.

6장

1 Greg Carey, "Vision," in *New Interpreter's Dictionary of the Bible*, vol. 5 (Nashville: Abingdon, 2009), 791.

2 보좌라는 말은 원래 의자(삼상 1:9; 왕상 2:19; 왕하 4:10)라는 뜻이고, 이어서 왕의 보좌(삼하 3:10; 7:13)를 가리켰고, 마침내 여호와의 보좌(왕상 22:19-23; 사 6:1-13; 겔 1:4-28; 단 7:9-10)라는 말로 사용되었다.

3 Hans Wildberger, *Isaiah 1-12* (Minneapolis: Fortress, 1991), 259-278.

4 R. E. Clements, *God and Temple* (Oxford: Basil Blackwell, 1965), 80-81.

5 이 본문은 성전을 뜻하는 두 단어를 사용하는데, 1절에서 사용된 '헤칼'은 하늘 성전을 가리키고, 4절에서 사용된 '베트'는 땅의 성전을 가리킨다. '헤칼'은 하나님이 앉으신 보좌가 있는 하늘 성전을 가리키고, 후대에 하늘 보좌에서 하나님을 대면하는 신앙인의 체험을 담은 문헌을 헤칼롯(헤칼의 복수) 문헌이라고 부른다.

6 하늘 성전에 등장한 스랍들은 지성소에서 증거궤 위에 서 있는 그룹들과 짝을 이루는 존재들인데(왕상 6:23-28; 8:6-7), 땅의 성전에 있는 그룹들은 단순한 형상일 뿐이다.

7 I. Engnell, *The Call of Isaiah: An Exegetical and Comparative Study* (Uppsala: Lundequistska Bokhandeln, 1949), 35.

8 Margaret S. Odell, *Ezekiel*, Smyth & Helwys Bible Commentary (Macon: Smyth & Helwys, 2018), 13-37.

9 하늘의 만군은 여호와의 좌우편에 있기도 하고(왕상 22:19), 스랍들이 여호와 위에 있기도 한다(사 6:2).

10 수레 환상과 포로라는 역사적인 상황과의 관련은 다음을 참고하라. T. N. D. Mettinger, *The Dethronement of Sabaoth: Studies in the Shem and Kabod Theologies*, trans., Frederick H. Cryer, Old Testament Series 18 (Lund: CWK Gleerup, 1982), 113.

11 이와 같이 성전을 떠나 그룹을 타고 이동하시는 하나님의 모습이 에스겔 1장과 8-10장에 나타난다. 배정훈, 『대예언서』 (서울: 한국장로교출판사, 2006), 203-206.

12 바퀴 달린 수레 보좌에 대한 이러한 인식의 흔적이 포로 후기 문헌인 역대기에 남아 있다(대상 28:18).

13 이때 에스겔이 가졌던 분한 마음(하마트/3:14; 5:13, 15; 6:12; 7:8)은 하나님의 노한 마음을 반영한다. 즉, 에스겔은 백성의 죄악과 회개하지 않는 강팍함으로 인해 하나님이 품으신 노한 마음을 갖게 되었다.

14 위의 책.

15 배정훈, 『다니엘서』 (서울: 한국장로교출판사, 2016), 147-154.

16 인자 같은 이가 누구인가에 대하여 하나님의 백성, 즉 집단적인 인물로 보는 견해, 천사로 보는 견해, 그리고 메시아로 보는 견해가 있다. 기원후 1세기의 문헌인 에녹의 비유에 나오는 인자는 다니엘 7장에 근거하여 메시아로 여긴다(에녹1서 46:1-5; 48:3-7, 10; 52:4). 배정훈, "구약성서와 신약성서의 관계: 다니엘서와 요한계시록을 중심으로," 「구약논단」 24:4 (2018. 12), 26-28.

17 배정훈, 『황폐한 성소에 주의 얼굴빛을 비추소서: 포로시대와 팬데믹 시대를 위한 다니엘서 읽기』 (서울: 장로회신학대학교출판부, 2021), 204-205.

18 E. Schüssler Fiorenza, *The Book of Revelation: Justice and Judgment* (Philadelphia: Fortress, 1985); idem, *Invitation to the Revelation* (Garden City, New York: Doubleday, 1981).

7장

1 문우일, "요한복음과 예수 그리스도의 승귀: 부활, 승천, 승귀," 「그말씀」 (2012. 4), 48.

2 더 상세한 내용은 다음을 참조하라. 배정훈, "승천 전승의 기원과 발전," 「장신논단」 24 (2005), 55-78.

3 에스라-느헤미야 시대에 제사장들의 혼합결혼과 부정에 대한 비판이 있었고(느 13:28-29; 스 9:1, 2), 기원전 3세기에는 결혼법과 정결법에 기초하여 제사장들에 대한 비판이 강화되었다. 레위의 유언서에 따르면, 제사장들의 죄는 금지된 성관계를 갖고 부당한 배우자를 취하면서 하나님의 계명을 잘못 가르치고, 사회적인 부정 그리고 정결법을 범하는 것이다(레위의 유언서 14:4-8). 쿰란 문헌 중의 하나인 다메섹 문서는 제사장들의 세 가지 죄를 음란, 부(富), 그리고 성전의 더럽힘으로 묘사한다(CD/다메섹 문서 2:15-17).

4 "지금부터 너희들은 영원히 하늘에 올라갈 수 없으며, 너희들은 영원히 땅에 속박되도록 명령되었다." (에녹1서 14:5).

5 비유의 책(에녹1서 31-71장)은 인자와 공동체를 구별하여 에녹을 인자로 인식하고, 에녹1서 14장은 이것을 전제한다.

6 배정훈, "새 계시(New Revelation) 논쟁으로 바라보는 다니엘서의 형성," 「구약논단」 73 (2019. 9), 157-175.

7 유승원, "바울서신에 나타난 예수 그리스도의 승귀: 부활, 승천, 승귀," 「그말씀」 (2012. 4), 64-69.

8 Eric Franklin, "The Ascension and the Eschatology of Luke-Acts," *SJT* 23 (1970), 192, 197.

9 Wayne A. Meeks, "The Man from Heaven in Johannine Sectarianism," *JBL* 91 (1972), 44-72; idem, *The Prophet-King: Moses Traditions and the Johannine Christology* (Leiden: E. J. Brill, 1967).

10 Pheme Perkins, "The Gospel according to John," in R. Brown, J Fitzmyer, R. Murphy, eds., *New Jerome Bible Commentary* (Englewood Cliffs, NJ: Prentice Hall, 1990), 945-946.

11 Eric Franklin, "The Ascension and the Eschatology of Luke-Acts," 197.

8장

1 머레이 존스는 바울의 회심과 승천 체험이 다른 것이라고 주장한다. C. R. A. Morray-Jones, "Paradise Revisited (2 Cor 12:1-12): The Jewish Mystical Background of Paul's Apostolate. Part 2: Paul's Heavenly Ascent and its Significance," *Harvard Theological Review* 86:3 (1993), 264. 김세윤은 두 체험을 동일시한다. 김세윤, 『바울 복음의 기원』 (서울: 두란노서원, 2018).

2 C. R. A. Morray-Jones, "Paradise Revisited (2 Cor 12:1-12)," 270.

3 랍비 문헌에서 언급되는 칠층천은 사실상 두 단계의 하늘을 말하는 것으로, 처음에는 삼층천에 도달하고 이어서 칠층천으로 향한다. 그러나 바울 시대까지의 문헌에서 칠층천은 나타나지 않는다. Christopher Rowland, *The Open Heaven: a Study of Apocalyptic in Judaism and Early Christianity* (London: SPCK, 1982), 380-382.

4 메르카바 체험과 기독교의 기원에 대하여 다음을 참조하라. Alan F. Segal, *Paul, the Covert* (New Haven: Yale University Press, 1990), 34-71.

5 C. R. A. Morray-Jones, "Transformational Mystericism in the Apocalyptic -Merkabah Tradition," *JJS* 43 (1992), 1-31.

6 C. R. A. Morray-Jones, "Paradise Revisited (2 Cor 12:1-12)," 273.

7 위의 글, 287-290.

8 유대교란 기원후 200년경에 고착된 랍비 유대교의 시대와는 구분되는 명칭이다. 솔로몬 성전이 멸망된 기원전 586년부터 랍비 유대교가 형성되기 전에 성경의 유산을 이어받은 다양한 종파들이 등장하였다: 사두개파, 바리새파, 에세네파, 기독교, 초기 랍비 유대교. J. Andres Overman, "Judaism (Greco-Roman Period)," *Anchor Bible Dictionary* 3 (New York: Doubleday, 1992), 1037-1054. "유대교란 상호 영향을 주고받는 다양한 이데올로기나 접근 가운데 일어나는 넓은 호칭(designation)이다. 제2성전 시대에서 유대교를 세분화하기 보다는 복합적이고 동적인 전체를 이끈 복잡한 역사 과정을 이해하는 것이 좋다." Lawrence H. Schiffman, *From Text to Tradition: A History of Second Temple & Rabbinic Judaism* (Hoboken, New Jersey: Ktav Publishing House, 1991), 4-5.

9장

1 “객관적인 계시에 대한 인지와 주관적인 하나님 체험, 그리고 지성적인 추구와 동시에 감성적인 경험이 조화를 이룬 것”이라고 정의한다. 유해룡, “개혁교회 영성의 현재와 미래,” 「신학과 실천」 2 (1998), 57-75.

2 위의 글., 유해룡, “영성과 영성신학,” 「장신논단」 36 (2009. 12), 304-331.

3 역사비평방법에 대하여는 다음 책을 참조하라. 배정훈, 『한국교회를 살리는 정경해석방법의 이론과 실제』 (서울: 장로회신학대학교출판부, 2017), 17-49.

4 경건훈련을 위하여 많이 참조하는 이냐시오의 방법론은 성서를 통하여 예수의 임재를 체험하도록 돕는다. 이냐시오는 영적 수련을 위한 매뉴얼에서 제1주간은 죄의 묵상, 제2주간은 예수 그리스도의 생애의 신비, 제3주간은 예수님의 수난과 죽음에 이르는 과정, 제4주간은 예수님의 부활과 영광을 다룬다. 제2주간부터 제4주간 동안은 예수 그리스도의 생애에서 시작하여 부활과 승천에 이르는 여정을 살핀다. 유해룡, “영적 수련의 매뉴얼로서 영신수련의 역동성 연구,” 「장신논단」 48 (2016. 3), 308-333., 유해룡, “영성형성의 모델 연구,” 「기독교사상」 38 (1994. 5), 91-108.

10장

1 개신교의 칭의론 교리의 핵심은 세 가지이다: 1) 칭의는 하나님 앞에서 법적 지위의 변화를 가져오는 법정적 선언을 수반한다; 2) 칭의와, 중생 혹은 성화 사이에는 개념상의 차이가 존재한다; 3) 의롭다 함은 믿음이라는 행위를 통하여 그리스도인들에게 은혜로 전가된 것이다. Alister McGrath, “Forerunners of the Reformation? A Critical Examination of the Evidence for Precursors of Reformation Doctrines of Justification,” *Harvard Theological Review* 75 (1982), 219-242.

2 William Wrede, *Paulus*, 2nd ed. (Tübingen: J. C. B. Mohr, 1907).

3 Albert Schweitzer, *The Mysticism of Paul the Apostle* (New York: Seabury, 1968).

4 20세기에 바울에 관한 새 관점을 통하여 유대교 율법주의에 대한 새로운 이해들이

등장하였다. 샌더스(E. P. Sanders)는 팔레스틴 유대교를 율법주의적인 종교로 이해하는 것이 잘못 되었다고 이해하면서 구약의 종교와 유대교의 종교를 모두 언약적 율법주의(Covenantal Nomism)라고 결론을 내린다. 던(J. D. G. Dunn)은 유대교가 율법주의가 아니라 민족주의였고, 바울이 문제시한 것은 유대인들의 민족주의적인 배타성이라고 주장한다. 라이트(N. T. Wright)는 이스라엘이 은혜로 주어진 이스라엘의 표지인 할례, 안식일, 음식법 등을 일종의 우위를 나타내는 증표로 사용한다고 비판하였다. E. P. Sanders, *Paul and alestinian Judaism: A Comparison of Patterns of Religion* (Minneapolis: Fortress, 1977), 543-544; *Paul, the Law, and the Jewish People* (Philadelphia: Fortress, 1983). J. D. G. Dunn, "The New Perspective on Paul," *Bulletin of the John Rylands University Library of Manchester* 65 (1983), 95-122; "Works of the Law and the Curse of the Law (Galatians 3.10 -14)," *New Testament Studies* 31 (1985): 523-542; *Romans*, 2 vols. (Dallas: Word, 1988). N. T. Wright, *The Climax of the Covenant: Christ and the Law in Pauline Theology* (Minneapolis: Fortress, 1991), 240-243.

5 신약에서는 "의"에 관한 단어가 300번 나오는데 이중 바울 서신에서 138번 등장하고, 마태복음에 28번, 누가복음에 28번, 사도행전에 25번, 야고보서에 9번 등장한다.

6 Marion L. Soards, "Righteousness in the NT," *The New Interpreter's Dictionary of the Bible* 4 (Nashvilel: Abingdon, 2009), 814-817.

7 위의 책, 817.

8 Craig L. Blomberg, *Matthew*, NAC 22 (Nashville: Broadman, 1992)

9 유해룡, "영성과 영성신학," 「장신논단」 36 (2009. 12), 305.

10 이후에 영성신학은 수덕신학과 신비신학의 영역으로 구분되었는데, 수덕신학은 기독교적 삶의 능동적인 출발에서부터 수덕적인 완덕에 이르는 과정을 다루고, 신비신학은 신비적 일치까지의 단계들을 세부적으로 다루었다. 수덕신학은 일상적 삶의 방식과 관련되고, 신비신학은 기도나 관상을 통한 하나님의 은총을 다룬다. 최근에 영성신학은 네 가지 중요한 특징을 지닌다. 첫째, 영성이란 말은 특별히 기독교적 전통과 연관을 맺지 않을 수 있다. 둘째, 영성이란 절대적인 교리적 원칙을 사람에 적용하는 방식을 의미하지 않는다. 셋째, 영성은 살아 있는 절대자와의 관계 아래에서 인간의 성숙의 신비를 살펴본다. 넷째, 영성은 인간의 경험 전면모를 통합하는데 관심을 둔다. 위의 책, 303-331.

11 윤철호, 『인간』 (서울: 새물결플러스, 2017), 21-28.

12 H. Ringgren and H.-J. Fabry, "חָסִיד," *Theological Dictionary of the Old Testament* V (Grand Rapids, MI: William B. Eerdmans, 1986), 75-79.

13 Haifa B. Kedar-Kopfstein, "תָּמַם," *Theological Dictionary of the Old Testament* XV (Grand Rapids, MI: William B. Eerdmans, 2006), 707-710; J. P. J. Oliver, "תמם," *New International Dictionary of Old Testament Theology & Exegesis* 4 (Grand Rapids, MI: Zondervan, 1997), 307.

14 Paul F. Stuehrenberg, "Devout," *Anchor Bible Dictionary* 2, 184.

11장

1 Lynn White, "생태계의 위기에 대한 역사적 근거," 프란시스 쉐퍼, 김진홍 역, 『환경오염과 죽음』 (서울: 생명의 말씀사, 1995), 88-94. 생태위기의 원인을 기독교 신학과 성경의 인간중심적인 세계관에게 돌린 다른 학자들에게 대하여는 다음을 참조하라. K. Löwith, *Vorträge und Abhandlungen: Zur Kritik der christlichen Überlieferung* (Stuttgart: Kohlhammer, 1966). C. Amery, *Das Ende der Vorsehung: Die gnadenlosen Folgen des Christentums* (Hamburg: Rowohlt Verlag, 1972). E. Drewermann, *Der tödliche Fortschritt: Von der Zerstörung der Ende und des Menschen im Erbe des Christentums* (Regensburg: Pustet, 1992).

2 J. Moltmann, 김균진 역, 『창조 안에 계신 하느님』 (서울: 한국신학연구소, 1986), 35.

3 더 세부적인 땅의 이야기는 다음을 참조하라. 배정훈, "창세기 1-9장을 통해서 본 생태 신학," Canon & Culture 6:2 (2012), 21-50.

4 레위기 1-16장에서 언급되는 부정은 제의적인 부정이다. 즉, 부정한 짐승을 먹어서 부정하거나, 산모가 아이를 낳은 후에 부정하게 되는 것, 그리고 원하지 않는 유출병으로 인하여 부정하게 되는 일들은 모두 제의적인 부정이다. 이는 인간이 책임을 져야 하는 부정이 아니라, 목욕이나 제사를 통하여 회복되는 제의적인 부정이다.

5 J. Moltmann, 김균진 역, 『창조 안에 계신 하느님』, 297.

6 이 죄는 아담의 죄와 구별되는 두 번째 원죄로 불리기도 한다. N. Lohfink, *The Theology of the Pentateuch: Themes of the Priestly Narrative and Deuteronomy* (Edinburgh: T. & T. Clark, 1994), 96-115.

7 하나님은 홍수를 통해 인간을 심판하셨지만, 홍수 심판으로 인간이 변화되지 않았음을 확인하시고(창 8:21), 아브라함을 통한 구속사를 시작하신다(창 12:1-3).

8 밀그롬(J. Milgrom)에게 있어서 포악함은 생명을 죽이기 때문에 부정의 기원이다. J. Milgrom, "Priestly ("P") Source," *Anchor Bible Dictionary* 5, 456-457.

9 포악함이라는 단어는 제사장 문헌인 에스겔서에서 명확하다. 에스겔서에서 포악함은 피 흘리는 죄와 동의어로서 하나님의 거룩한 성소를 더럽히는 범죄이다(겔 7:22). 포악함은 땅의 가득한 것을 황무하게 만든다(겔 12:19). 포악함은 스스로를 더럽게 하여 하나님의 산에서 쫓겨나게 만드는 죄이다(겔 28:16).

10 Mark G. Brett, "Earthing the Human in Genesis 1-3," in N. C. Habel, ed., *The Earth Story in Genesis*, The Earth Bible 2 (Sheffield/Cleveland, OH: Sheffield Academic Press/Pilgrim Press, 2000), 79-80.

11 김선종, "레위기 25장의 형성-안식년과 희년의 연속성과 불연속성," 「장신논단」 40 (2011), 103-104.

12 배정훈, "창세기 1-9장을 통해서 본 생태 신학," 21-50.